¿Hacia dónde vamos?
Internet se hace social

¿Hacia dónde vamos?
Internet se hace social

Alfonso Vázquez Atochero

 anthropiQa 2.0

©Alfonso Vázquez Atochero
© anthropiQa 2.0
   Lulu Press Inc (edición compartida)
http://www.anthropiQa.com
editorial@anthropiQa.com
Badajoz, España   /   Raleigh (North Carolina)

Edición primera, septiembre de 2016
I.S.B.N. 978-1-326-77982-5

Los contenidos de este libro están disponibles en el blog ¿hacia dónde vamos? Ciberantropología y comunicación audiovisual, en la web www.alfonsovazquez.com. Es una recopilación de los post publicados en 2015. El texto puede hacer referencia a ilustraciones o vídeos disponibles en el blog. Usted es libre de:

copiar, distribuir y comunicar públicamente la obra

Bajo las condiciones siguientes:

Reconocimiento. Debe reconocer los créditos de la obra de la manera especificada por el autor o el licenciador (pero no de una manera que sugiera que tiene su apoyo o apoyan el uso que hace de su obra).

No comercial. No puede utilizar esta obra para fines comerciales.

Compartir bajo la misma licencia. Si altera o transforma esta obra, o genera una obra derivada, sólo puede distribuir la obra generada bajo una licencia idéntica a ésta.

- Al reutilizar o distribuir la obra, tiene que dejar bien claro los términos de la licencia de esta obra.
- Alguna de estas condiciones puede no aplicarse si se obtiene el permiso del titular de los derechos de autor
- Nada en esta licencia menoscaba o restringe los derechos morales del autor.
- Cada comentario pertenece a su autor. El autor del blog no se hace responsable de las opiniones, ni necesariamente las comparte.

Alfonso Vázquez Atochero
www.ciberantropologia.org
www.alfonsovazquez.com

Las redes sociales han revolucionado la forma de comunicarse; de los amigos contados con los dedos de una mano se ha pasado en muy poco tiempo a tener cientos, a los que la mayoría de las veces nunca se ha dado un abrazo. Estas estructuras de contacto acercan y alejan. Permiten comunicarse a cualquier hora del día con cualquier persona, aunque viva a una distancia kilométrica, pero también pueden aislar a las que están más cerca.

Con diferentes finalidades, desde la meramente profesional hasta la de compartir ocio, conocimientos o buscar pareja; todas ellas atienden a una de las necesidades básicas del ser humano: estar en contacto con otra persona, socializarse y cubrir el sentimiento de pertenencia.

Patricia Ramírez   (elpais.com, diciembre de 2014)

▼ **2015 (57)**

▼ **diciembre (5)**   73
¿Juega real, juego virtual?
Lo que twitter se llevó
Un cuarto de siglo para la WWW
Máster antropología Uex
Leyes locales en un escenario global

▼ **noviembre (3)**   69
Concentración de poder
Community managers: creando imagen digital
Canon City y el sexting grupal

▼ **octubre (4)**   67
Realitys irreales
Diario de una acosada
Regreso al futuro
¿Qué queda cuando una red se va?

▼ **septiembre (3)**   64
La sociedad del consumo III: concupiscencia XXL
La sociedad del consumo II: el fenómeno outlet
La sociedad del consumo I: base epistemológica

▼ **agosto (7)**   56
Feliz cumpleaños Windows 95
¿Pueden las legislaciones nacionales acotar la red...
Pescando en Mercadona
Ashley Madison, cuando el burdel abre sus puertas....
Amazon Dash Button, comprando sin salir de casa
Hasta que la muerte nos separe
¿Cuánto vale nuestra identidad?

▼ julio (5) — 51
¿Puede la tecnología sustituir al ser humano?
Convirtiendo el capital cultural en capital económico.
censurar la telebasura
dead drops ¿la caja de pandora en nuestro portal?
FeelDreams, siente tus sueños

▼ junio (3) — 48
Los procesos de desterritorialización
Idiotas en red
Yodels, el paraíso de los trolls

▼ mayo (4) — 44
Spam, cuando el enemigo entra en casa
Del PC a la Social Media
La memoria fragmentada
La red me mima, yo me mimo

▼ abril (8) — 34
Comunicar o no comunicar, he aquí la cuestión
Whatsapp como fuente de conflictos
¿Cómo se construye un best seller?
Sobreperiodificación
AirBNB ¿Economía cooperativa o negocio lucrativo?
God save the queen, Internet save the king
Muertos de primera, muertos de segunda
Arqueología digital

▼ marzo (4) — 27
FB: el paraíso de las identidades fantasmas
El engaño de la democracia
En busca de la gloria digital
Los contenidos inapropiados de Facebook

▼ *febrero (5)*   20
Del selfie al braggie
Hacienda a caza en las redes
La jungla de Internet
Pueblo, patria, la calle y otras futilidades
Redes de odio

▼ *enero (6)*   15
Magic is in the air
Abisa, o cómo gestionar con una apps las carencias...
smart car
Si lo tuiteas, atente a las consecuencias
La doble semántica de free
La utopia de la administración electrónica

7 ene. 2015
La utopía de la administración electrónica

Comienza 2015, y sin embargo la administración electrónica sigue siendo poco más que una fantasiosa quimera, una distante utopia con la que los usuarios más críticos no dejan de soñar. Enfrentarse a la Administración española con un pensamiento digital provoca un choque generacional de considerable impacto.

Acciones que en principio deberían ser bastante simples, como es el hecho de inscribir un recién nacido, requiere un esfuerzo importante por parte del administrado. La lógica de un pensamiento digital propio del siglo XXI no tiene más remedio que ofuscarse ante las barreras que proponen las diferentes administraciones para registrar los datos de un nuevo ciudadano.

En vez de apostar por bases datos digitalizadas y compartidas por las diferentes instituciones y administraciones, se sigue teniendo querencia por el papel y por el paseo de la documentación de una ventanilla a otra. Mientras el mundo mira hacia un lado, la administración mira hacia otro, anclada en una postura obsoleta que se niega a ofrecer un servicio ágil al ciudadano.

7 ene. 2015
La doble semántica de free

Cuando en informática se habla de free, hay que tener en cuenta que su traducción al español puede dar lugar a equívocos, debido a su polisemia Cuando un producto es free, debemos tener claro si es gratuito o si es libre. Google y todos sus aplicaciones son un servicio gratuito, pero no libre. Linux es un software libre, aunque no siempre tiene por qué ser gratuito. Otra cuestión que podríamos sacar a la palestra es si realmente Google es gratuito, pues aunque no nos pidan contraprestación económica a cambio, si que hay una transacción, pues cedemos parte de nuestra identidad para que el gigante tecnológico trafique con ella. Por lo tanto, aunque en inglés todo sea free, en español se hace preciso distinguir entre gratuito -si no hay que pagar por su uso- y libre -si puede ser modificada y redistribuida por el usuario-.

A veces podemos encontrar aplicaciones aparentemente gratuitas, pues no exigen un pago inmediato. Sin embargo, pueden ser versiones de evaluación orientadas a la compra de la versión completa o llevan inserta publicidad. Otras veces la aplicación se oferta a un bajo coste, casi simbólico, pero que debido a su uso masivo hace que resulte un negocio bastante lucrativo ¿Tiene sentido recurrir a opciones comerciales pudiendo hacer lo mismo de forma auto gestionada? Las aplicaciones comerciales, por ejemplo mensajería, hacen uso se soluciones y protocolos de dominio público, implementan una capa de usuario sencilla y comercial y atraen a millones de usuarios que podrían hacer lo mismo mediante soluciones populares sobradamente conocida. Internet es nuestro, no de ellos.

Alberto Ledo https://twitter.com/albertoledodiaz
Alfonso Vázquez www.alfonsovazquez.com

15 ene. 2015
Si lo tuiteas, atente a las consecuencias

El papel del Community Manager -CM- es muy importante ya que se ocupa de la reputación e imagen de una marca en los medios sociales. Hay empresas que se ocupan de mimar la imagen de personajes célebres o corporaciones, cuidando todos los detalles para que su presencia en la red no le juegue malas pasadas. Hay empresas que tienen departamentos propios de imagen o un empleado dedicado a estos labores. A veces, el CM se puede meter en un problema si se extrapola o si no es capaz de medir el alcance del medio que tiene en sus manos,

Es lo que le ha pasado al CM de Kit Kat España, que ofreció una chocolatina de su marca a todos los seguidores que retuitaran un mensaje: Si #Edurne queda entre los 15 primeros en #Eurovision prometemos un Kit Kat a cada uno que haga RT. Debió de ponerse muy nervioso cuando vio como aumentaba el número de seguidores que participaban en la promoción por el mero hecho de difundir el mensaje y mucho más cuando Edurne resultó se la representante Española del tradicional Festival. Finalmente optó por retirarse y ofrecer sólo 2.000 obsequios, quedando sin lo prometido a más de 20.000 seguidores. Sin duda, un feo gesto, ya que si lo tuiteas, atente a las consecuencias.

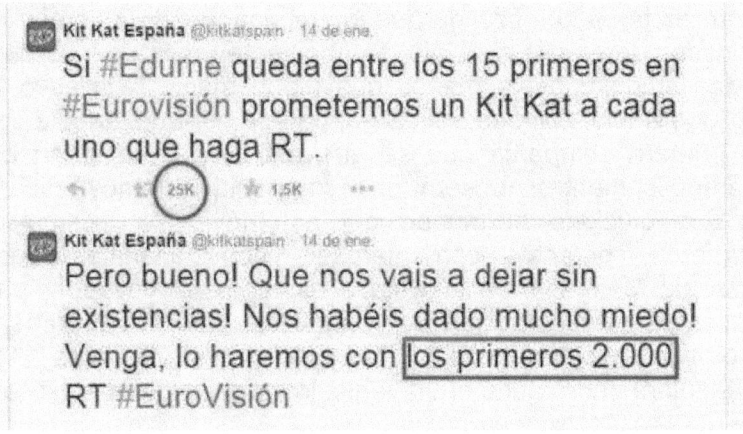

18 ene. 2015
smart car

Se dice que si el campo de la automoción hubiera avanzado tanto como el de la informática, los coches podrían volar y funcionar casi sin combustible. Y es que sorprende que algunos sectores industriales hayan avanzado tanto mientras que el automóvil, conceptualmente, se encuentre aún tan cerca de sus orígenes. De hecho, hasta ahora ha sido un sector en el que las nuevas tecnologías han entrado más que discretamente, exceptuando algunos sistemas de navegación o de entretenimiento.

Sin embargo, se hallan en periodo de experimentación los protocolos V2V (vehicle to vehicle), redes de comunicación que permitirán que nuestros vehículos gocen de una información a tiempo real de lo que sucede en su entorno próximo, facilitando la tarea del conductor. Aprovechando la tecnología wifi, los vehículos podrían compartir datos como la velocidad y la trayectoria, lo que permitirá reducir el número de colisiones. El mismo sistema permitirá optimizar trayectos o elaborar rutas alternativas a tiempo real.

Pero es tarea complicada que los fabricantes de automóviles, conservadores por principio, se decidan en masa a incorporar estas tecnologías, a menos que algún marco legislativo los obligue a ello. Así que, como no, parece ser que Google será la primera compañía que se atreva a lanzar un smart car. Paradójicamente, no será una compañía automovilística la que revolucione el mundo del automóvil. Ya existen los primeros contactos con marcas convencionales, como General Motors, Ford, Toyota, Daimler o Volkswagen, para hacer un vehículo que se conduzca solo. Los primeros prototipos ya han visto la luz y se prevé que para 2020 cualquiera podrá adquirir un vehículo de estas características.

Sin embargo, nos encontramos con un obstáculo de primer orden: el legislativo ¿permitirán los gobiernos que este invento esté en tan sólo cinco años en nuestras carreteras? A priori parece un escollo de primer orden. El coche robótico no es un sueño. En Francia en los años 90 ya se diseñaron coches en modo experimental capaces de recorrer cientos de kilómetros respetando señales y al resto de usuarios de la vía pública. Pero de momento, sólo el estado norteamericano de Nevada permite que estos aparatos circulen por sus vías públicas desde que aprobó el 29 de junio de 2011 una ley que permite la operación de coches sin conductor.

22 ene. 2015
Abisa, o cómo gestionar con una apps las carencias urbanas

Abisa es una app puesta en marcha por el ayuntamiento de Badajoz para denunciar aceras bacheadas, alcantarillas que no funcionan, baldosas sueltas... Con un coste de 8.000 euros del presupuesto del consistorio, está disponible gratuitamente con versiones para Android y Apple.
Sí el ayuntamiento cumpliera, no estaría mal, pero ¿una herramienta digital podrá servir para hacer cambiar los hábitos de trabajo -mejor dicho, no trabajo- acumulados durante años?

Con el boom de la e-administración, todas las instituciones han corrido raudas a ponerse la medallita del cambio digital. Sin embargo, el cambio de actitud previo no siempre es asumido, con lo que la presunta modernidad buscada, no deja de ser un ornamento más de cara a la foto institucional.

27 ene. 2015
Magic is in the air
Nuestra atmósfera está llena de ondas: televisión, radio... Sobre su efecto en la salud se ha hablado mucho y hay diversas opiniones, hay escépticos y acérrimos. Parece que sí, otros estudios dicen que no... No está claro, pero de lo que no hay duda es que estamos rodeamos. Están en todas partes, en la calle, en los parques, en nuestras casas. Las ondas ocupan un espacio que nos pertenece a todos, y nadie se ha planteado si las empresas que se benefician de ellas deberían compensar al resto de ciudadanos, sobre todo a aquellos -pocos- que no hacen uso directo de ellas.

El caso es que estas ondas están en el aire y el espectro radioeléctrico no debería quedar al servicio de ninguna compañía. Es un recurso limitado y en una sociedad moderna, un agente tan importante como el agua. Por ello, puesto que todos padecemos y puesto que ondas y contenidos viajan impunemente por el aire ¿sería lícito beneficiarse de estos contenidos al margen de los canales que las distribuidoras han impuesto?

1 feb. 2015
Redes de odio

Las redes sociales han facilitado enormemente la comunicación como en innumerables veces hemos visto en este espacio. En condiciones normales hemos destacado los aspectos positivos que aporta para las relaciones sociales al amplificar la comunicación entre iguales. Ello ha ayudado también a establecer redes de estructura horizontal que de otra manera no habrían podido organizarse. Sin embargo abrimos este post para ocuparnos también de cuando estas redes se nutren de violencia y odio. A fin de cuentas, como herramientas que son, no son buenas o malas per se, sino por el uso que de ellas hagamos.

Evidentemente, son herramientas de comunicación poderosas, tanto que hasta ahora el ser humano no había conocido nada igual. Así, aunque en general podemos destacar las facetas positivas, no es posible soslayar el uso ilícito que de ellas pueda hacerse. Porque son producto humano y, como tal, son validas para las buenas y las malas acciones. Podemos destacar, a priori, tres usos nocivos. El primero puede ser la utilización de personalidades falsas -el síndrome de MisterHyde- para ofender o hacer daño. Puede ser el caso de la usuaria de Twitter @sarafdez13. Resulta altamente increíble que una persona en su sano juicio utilice un medio como este para difundir mensajes como el reproducido en la imagen. Sin embargo, es igualmente sorprendente que de repente su perfil aparezca vacío, con una decena escasa de seguidores.

No se porque os preocupáis tanto por los niños con cáncer si para los pocos días que duran solo saben dar asco, putos calbos.

3:12 AM · 08 ago 13

En segundo lugar podríamos citar escenario abiertos a colectivos limitados. Esto serian blogs, foros o páginas de facebook con un acceso limitado a grupos con un interés común. Como ejemplo podrían valer lo escenarios de los seguidores violentos de clubes de fútbol. Además de ser un entorno donde discutir cuestiones más cotidianas, es un espacio donde se profesa una violencia explicita hacia el otro. Los actos violentos y las peleas se suelen pactar en digital: fechas, lugar, normas y hasta el tipo de armas. Sin embargo, a diferencia del ámbito anterior y del que trataremos en el siguiente punto, ambos puramente dialécticos, aquí sí suele haber encuentro físico, pudiendo llegar hasta el asesinato.

El tercer caso, aparentemente, se ocupa del fenómeno opuesto. Es decir, que pasamos de lo estrictamente privado o de acceso limitado, de la rabia escondida por usuarios residuales protegidos por la intimidad de su teclado y la pantalla, a medios de comunicación masivos de corte tradicional con versión digital. Si concretamos en España, los medios más centrales, como el País, el Mundo, la Razón o ABC mantienen presencia en sus dos versiones: la clásica, sobre papel y la moderna, distribuyendo una versión digital que pretende aproximarse torpemente a lo que debería ser el periodismo 2.0. Estas publicaciones periódicas explican su poca rentable existencia como parte de un conjunto de medios agrupados perteneciente a unos pocos grupos de opinión y muestran una línea moderada. Sin embargo encontramos medios extrarradio que buscan recoger los espectros más extremos de la sociedad. Algunos de ellos, como Libertad Digital (Libre mercado o EsRadio) permiten que en sus páginas -escenario público a fin de cuentas- se amplifiquen las muestras de odio resguardadas. Y no hay tregua. Para cerrar el post, dejamos algunos de los comentarios insertados en sus páginas en los tres últimos días:

Juan Martín Díez · Mejor comentarista · Santander
Sobran los argumentos con vosotros. Pólvora y plomo. Votaré por Podemos simplemente para que ganéis: tengo ganas de matar rojos. Muchas ganas.

Manolo López Bárcena · Mejor comentarista
Morados y lívidos como la muerte, esto es lo que prometen estas bestias heridas.
Enfrentamiento civil y muerte.
Son vulgares bestias hematófagas y carroñeras que sobrevuelan las desdichas de los españoles para darse el festín!

Manuel Perales Viscasillas · Seguir · Mejor comentarista · Colegio Internacional Sek
30.000 mil indocumentados que no representan a nadie !! Vaya panda HIJOS DE PUTA PERRO FLAUTAS!!

Mia Ryding · Mejor comentarista · Stradsett, Norfolk, United Kingdom a una piara de parásitos de las pulgas de las ratas de cloaca

Daniel Jimenez Granados · Seguir · Mejor comentarista ·
Universidad de Granada
Tu eres el imbecil de siempre

7 feb. 2015
Pueblo, patria, la calle y otras futilidades de agrupación social

¿Por qué tienen tanto éxito los medios sociales? ¿Existe alguna explicación sencilla para explicar el triunfo de Facebook o Twitter? El ser humano es un animal social, evolucionado desde otra especie también social. Somos todo con el grupo y no somos nada sin él. Las sociedades modernas y posmodernas no pueden escapar a esta tendencia que llevamos inscrita en el código genético de nuestra especie.

Necesitamos agruparnos y sentirnos arropados por la masa. El diferente, el distinto, el divergente, no tiene cabida en un mundo de agrupaciones. Podemos ser del Madrid o del Barsa, progresistas o conservadores, de izquierdas o de derechas, religiosos o ateos, de la pública o de la privada, rockeros o poperos, de playa o de montaña, moros o cristianos, orientales u occidentales... y tras esta enumeración de tendencias podemos determinar que además somos dicotomistas, electores entre dos opciones equidistantes y eternamente confrontadas en el espectro social. Y es que conformamos nuestra personalidad según confirmemos nuestra posición en uno o varios elementos, como un complejo conformado por todas estas pequeñas decisiones, donde la suma del total es mucho más importante y complejo que el total de la suma. Y lo hacemos, desde luego, por oposición a otros.

El otro es el opuesto, mi radical, al que aceptamos, pero desde luego el que queda fuera de juego, casi ignorado, es aquel que no está dentro de esta dicotomía preestablecida. Eso nos hace excesivamente predecibles de cara al mercado. El poder vertical, nuestros dirigentes políticos - que a fin de cuentas no deja de ser un mercado marcado por el poder- saben también muy bien esto y lanzan soflamas en torno a la unidad del espíritu nacional: se van haciendo dueños de conceptos pre-acuñados como pueblo, patria, la calle.,. qué a fin de cuentas no dejan de ser frivolidades políticamente correctas ¿Realmente nos importa ser pueblo o nación? ¿la patria nos hace diferentes? ¿es coherente matar o morir por la patria, la bandera o el himno? Enseguida encontraremos acérrimos al sí y al no. Es condición humana agruparse y posicionarse claramente siempre enfrentado al opuesto. Y es precisamente esta identidad por oposición la que ha generado un enfrentamientos continuo en la historia de la humanidad.

El panorama global de nuestros días no es diferente, no somos más civilizados de lo que lo éramos hace 10.000 años. El choque este-oeste vuelve a tomar peso en el escenario geopolítico junto a otros enfrentamientos estratégicos, como el de occidente-islam o el que se establece entre estados liberales frente a las emergentes políticas neo-marxistas. Sea como fuere, el poder gobierna, legisla y comercia en nombre de colectividades (pueblo, patria...) apelando a elementos simbólicos de primer orden (dios, la bandera...). Sin embargo, quien sufre y padece, siempre está del mismo lado.

19 feb. 2015
La jungla de Internet

El pasado fin de semana, el periodista Jordi Évole ponía contra las cuerdas - dialécticamente hablando - al ministro de Interior, Jorge Fernández Díaz. Le preguntaba acerca de la libertad de expresión y de cómo se vería afectada con la próxima ley de seguridad ciudadana, que recoge que los internautas podrían ser detenidos por la publicación de comentarios o por la difusión de ciertos documentos audiovisuales, como la actuación de las fuerzas de seguridad en manifestaciones y desahucios.También le preguntaba acerca de las detenciones que la policía había hecho días antes basándose en declaraciones y amenazas recogidas en Twitter, así como el criterio seguido para hacer estas pesquisas. A colación de esto último quiso saber cómo actuaría el ministerio en el caso que él recibiera alguna.

Tentado por la inquietud de Évole, un tuitero identificado como @Antisionista14, le envió la siguiente amenaza: "Voy a aplicar la libertad de expresión. Jordi Évole, cuando te vea, te voy pegar dos tiros y el remate final en la cabeza". Ante los comentarios de otros usuarios recriminando el desproporcionado tuit, se reafirmó en su posición afirmando que "Empieza la horda de subnormales a tocarme los cojones por querer, y si puedo, hacer lo que le voy a hacer a Evolé".

Ante situaciones como esta, podemos preguntarnos si las amenazas en este tipo de medios constituyen delitos. Y el caso de que lo constituyeran, el siguiente problema sería que, a pesar de ser un servicio global, al estar los servidores en distintas jurisdicciones ¿cómo podría actuar la justicia?

Siria Vencerá
@Antisionista14

Voy a aplicar la libertad de expresión. , cuando te vea, te voy pegar dos tiros y el remate final en la cabeza.

RETWEETS FAVORITOS
18   4

22:16 - 15 de feb. de 2015

22 feb. 2015
Hacienda a caza en las redes

No todos los usuarios son conscientes de los peligros que entrañan las redes sociales y exponen alegremente y sin celo sus intimidades a todo aquel que quiera husmear en ellas. Además, con el agravante de lo escrito queda escrito, al contrario de las palabras que se las lleva el viento. Hemos visto en otras ocasiones que, a pesar de que alguien no tenga que ocultar, un comentario o una foto puede llevarle a ser despedido o a sufrir un robo. No hay que ser un celebgate, ser anónimo no es garantía de pasar desapercibido.

Los gobiernos, conscientes de la importancia y de la dimensión de los entornos sociales, se han puesto al tanto y escrutan con cierta regularidad la red. De esta manera, en los últimos tiempos hemos visto como la policía ha llegado a practicar detenciones aleatorias en base a comentarios dejados en las redes sociales y la nueva ley de seguridad ciudadana contempla sanciones por difundir aspectos sensibles, como actuaciones y cargas de la policía en manifestaciones o desalojos. Ahora hacienda, que nos somos todos ni todos somos iguales para ella, se apunta al carro de la cibervigilancia y anuncia que perseguirá el fraude en las redes sociales. ¿Cómo lo harán? Buscando signos externos de riqueza que no se correspondan con la renta del usuario.

Es decir, que si un contribuyente mileurista coloca fotos de sus vacaciones en la Ribera Maya o paseando en un ostentoso vehículo podría ser investigado. También ayudará al fisco a completar los vínculos familiares, de negocios y personales de los supuestos defraudadores. Entre las páginas que revisan también están las de anuncios de viviendas en alquiler y venta de coches. "Es importantísimo ser intensivos en la utilización de las nuevas tecnologías y ser capaces de utilizar en nuestras actuaciones de control el apoyo de los expertos en auditoría informática para entrar en el engranaje y en la información que tienen los ordenadores y que no se aporta a la Agencia Tributaria" ha afirmado Santiago Menéndez, director general de la Agencia Tributaria.

28 feb. 2015
Del selfie al braggie

La obsesión por retratar lo cotidiano y hacer masivo lo íntimo alcanza límites inimaginables en la sociedad red. Quizá desoyendo la máxima que con sensatez nos pide que no hagamos en la red lo que no haríamos en la calle, los usuarios se afanan en quedar constancia gráfica o escrita de su efímera existencia. Así, los perfiles de FB o Twitter se convierten un muro de lamentaciones donde se alojan secretos a voces o se plasma lo que, aparentemente, no querríamos que nadie viera ¿O sí?

A pesar de que la exposición digital hace que nuestros contenidos pasen a formar parte de la cloacas de la red nada más hacerlos públicos, perdiendo el control sobre los mismos, los usuarios suben información privada sin ser conscientes del alcance de tal acción ¿O sí? Un componente muy presente en la conducta humana, como es la envidia, está presente en esta digitalización compulsiva. Mostrar nuestro mejor perfil, nuestras últimas vacaciones o el coche de nuestros sueños podría ser un síntoma de baja autoestima o de necesidad de lanzar nuestra concupiscencia al ciberespacio. Y esta tendencia ya tiene nombre: el braggie (del inglés brag, presumir), o la necesidad de presumir ante nuestros contactos.

16 mar. 2015
Los contenidos inapropiados de Facebook

Facebook es una empresa con una política de restricción de contenidos bastante peculiar. En enero de este años anunciaron que en breve comenzarían a instalarse filtros destinados a bloquear mensajes ofensivos. Hasta aquí, todo dentro de la normalidad: no deja de ser una empresa que ofrece un servicio gratuito, con lo que pueden establecer las normas que consideren oportunas y por otra parte es normal que al proyectar un información accesible libremente, si alguien se siente ofendido, esta persona o entidad debería tener derecho a exigir que un contenido que le afecte sea retirado. Sin embargo ¿Qué ocurre cuando el algoritmo de búsqueda falla y se cuela algún mensaje inapropiado? Pues que el usuario tiene la opción de hacer un reporte para que una imagen, página o mensaje sea revisado por los empleados de Facebook. Las normas comunitarias de Facebook están recogidas en la página https://www.facebook.com/communitystandards/. Entre otras, están prohibidas las amenazas a personas, el acoso o el lengua que incita al odio. Pero ¿Cuál es el límite?

Como prueba para ver hasta dónde está dispuesto Facebook, hicimos un reporte de un contenido que usa un lenguaje ofensivo que hacía apología a la violencia, El mensaje reportado era redactado por un usuario que se hace llamar Felix Daniel Ruiz Barrio, quien en un grupo público, con casi 5.000 seguidores y contenidos en abierto (visibles por todos lo usuarios) hablaba del líder de Podemos en los siguientes términos: "le podían embutir el recto con C4"

 Felix Daniel Ruiz Barrio le podian embutir el recto con C4
Ayer a las 14:05 · Me gusta · 👍 1

El mensaje recibido por parte de la red social, sin embargo, afirma que no se encontraron motivos para suprimirlo:
El equipo de ayuda de Facebook
Gracias por dedicar tiempo a reportar algo que crees que puede infringir nuestras normas comunitarias. Las denuncias como la tuya constituyen una gran ayuda para hacer de

Facebook un entorno seguro y acogedor. Revisamos el comentario que reportaste por contener lenguaje o símbolos que incitan al odio y no nos parece que infrinja nuestras Normas comunitarias.

La voluble política de restricción de contenidos de Facebook no dudará en eliminar las fotos de una usuaria que ponga fotos de ella misma haciendo topless en la playa, pero aloja y ratifica el uso de mensaje violentos y amenazas de muerte. En primera instancia, sería aceptable que la red social no revisara todos los mensajes publicados, dado el ingente volumen de datos manejados, pero ¿ante un reporte de este tipo, podría ser acusado Facebook de apología del asesinato?

22 mar. 2015
En busca de la gloria digital

Facebok se ha convertido en un elemento imprescindible en los último años. No hace tanto que está en nosotros. Nació en el campus de Hardvard como un espacio en el que los estudiantes podrían compartir mensajes y fotos. De ahí se expandió a otros campus norteamericanos y después se abrió a cualquier internauta con una cuenta de correo electrónico. El resto es historia, aunque merece la pena recordar que esa historia se sobredimensiona en 2007, cuando una serie de usuarios, de manera altruista, ayuda a realizar las traducciones a numerosos idiomas, punto de inflexión para entender el alcance que tiene hoy en día, con más de mil millones de usuarios registrados.

Así se establece un binomio de difícil equilibrio entre lo privado y lo público, entre lo oculto y los desvelado. Los contenidos que coloquemos en esta red, o en cualquier otro espacio digital, formarán parte del dominio público desde el mismo momento en que haya salido de nuestro ordenador. Sin embargo, es complicado saber a priori cuál es la fórmula para hallar el "éxito" en el ciberespacio. Entre un océano de datos, la gota de agua que pueda ser un perfil o una página de un proyecto, empresa o entidad, tienen innumerables más opciones de pasar de desapercibidos que de convertirse en un fenómeno viral. Y este quizá sea el reto de los community managers, profesión surgida en la órbita de las redes que busca popularizar y cuidar la imagen de empresas o personalidades en el escenario digital.

Sin embargo, esta semana nos ha llamado la atención la aparición de dos noticias que se han convertido en fenómeno viral de manera inexplicable, pues por su contenido no deberían haber trascendido más allá del entorno próximo de sus creadores pero que sin embargo han disparado su popularidad y alcance ¿Qué es lo que hace que una publicación en un muro de un usuario de repente cope la red?¿Es una acción fortuita o es la punta del iceberg de una campaña publicitaria? Y lo más llamativo de todo, no sólo es que las noticias se propaguen a gran velocidad por la netsfera, sino que ocupen las portadas de los medios tradicionales.

El primer caso es el de una joven rusa de 29 años, Elena Komleva, que publicó en su muro que buscaba a alguien que la dejará embarazada, y que sería su madre la encargada de seleccionar al semental más adecuado para la tarea. "Si eres joven, fuerte y saludable, escríbeme un mensaje. Mi madre será la encargada de seleccionar a los candidatos y anunciará al ganador. Ella sabe lo que necesito". "Estuve enamorada otra vez, pero también estaba descontenta. Espero encontrar a un marido, pero también estaría bien si sólo encuentro un padre biológico. Al menos, eso hará que mi madre deje de pensar en mí". Parece que miles de incautos postularon al puesto, que parece ser que nunca será ocupado. No sabemos si la señorita Komleva será la que aparece en la foto ni si su madre habrá tenido mucho trabajo, pero lo cierto es que su perfil de FB, en la que aparece como personaje público, ha experimentado un gran número de visitas en los últimos días.

El segundo caso es el de una sueca de 19 años, emancipada ella y lejos del yugo materno, que busca compañero de piso. Eso sí, no le vale cualquiera: tiene que ser "guapo como un demonio" y "no debe dejar la tapa del váter levantada". Alicia Hansson, de paso por España, aparentemente tomará su decisión cuando regrese a su Gotemburgo natal.

En ambos casos podemos establecer fácilmente una línea común: usar la imagen de una joven para obtener visitas, likes y ruido mediático ¿El objetivo? Pues tendremos que esperar unos días para ver de qué madeja partieron estos hilos. En cualquier caso, podemos afirmar que hay miles de internautas incautos que creen cualquier estupidez. Sin duda, abono para spammer y otros males de la red.

25 mar. 2015
El engaño de la democracia

Esta semana los medios de comunicación han tenido circo político para alimentar sus parrillas. Las elecciones de Andalucía han iniciado el calendario electoral en un año que arrancaba con polémicos comicios de Grecia y que en España hará que hayas citas con las urnas en al menos cuatro ocasiones (andaluzas, catalanas, autonómicas, municipales y, posiblemente, nacionales). Los grupos mediáticos se retratan y venden la piel del oso al mejor postor. Lo lobbies también dejan su opinión en el aire y así la atmósfera social se enrarece

Sin embargo, los números siguen sin cuadrar, y las reglas parecen establecidas para que no haya invitados sorpresa para tomar su parte de pastel ¿Es justa esta situación? Pues resulta que la justicia es relativa y que hay todo un sistema de variables que nos permitiría cuantificar la proporción de objetividad-subjetividad presente en el fenómeno. Si miramos en el espejo que nos ofrece la historia, podemos llegar hasta finales del siglo XVIII, donde la Revolución Francesa hizo que se rompiera el voto por estamento dominante en el Antiguo Régimen. El 3er estado, con el 95% de la población, contaba un tercio de la representación, mientras que una minoría compuesta por el clero -primer estado- y la nobleza -segundo estado- computaban dos tercios. Ante tal realidad, pocos visos de cambio podrían dar optimismo a una población oprimida y explotada. La situación, cada vez más insostenible, dio lugar a una revolución, violenta y sangrienta, como suelen ser las revoluciones, lo que permitió la aparición de una nueva vía de desarrollo social y político que desde nuestra perspectiva histórica fue beneficiosa, pues supuso la aparición del estado moderno.

Ahora vemos como normal que no exista el voto por estamento, como ocurría hace 300 años. Nos parece injusto lo que hace siglos fue la norma o, al menos, habitual. Sin embargo aceptamos un sistema de votación asimétrico donde el partido ganador paga 30.000 votos por escaño y donde los partidos minoritarios no obtienen representación con 70.000. Algo falta este sistema para que realmente sea democrático. Tal vez dentro de unos años vean tan injusto nuestro sistema electoral como el que existía antes de la revolución de 1789. Cuestión de perspectivas.

29 mar. 2015
FB: el paraíso de las identidades fantasmas

La identidad digital es una dimensión cada vez más influyente en nuestra sociedad. Los internautas, en mayor o menor medida son conscientes del alcance de la imagen que proyectan en la red. Esta imagen, monopolizada por los perfiles de Facebook, Twitter o Google+ se convierte en el pasaporte a numerosos servicios de la red, dando acceso a múltiples aplicaciones o abriendo las puertas a las páginas de opiniones de innumerables medios de comunicación. Los portales de intercambio de servicios, como Airbnb o Blablacar utilizan la actividad en las redes sociales para verificar la confiabilidad en un usuario. En definitiva, ponemos nuestra vida a disposición de la comunidad con nuestra participación cotidiana, y esta participación genera y proyecta nuestra imagen para con el resto de usuarios.

Sin embargo, frente a un uso transparente de los medios sociales, lo que genera una extensión de la identidad personal en el entorno digital, podemos identificar igualmente casos en los que las identidades digitales ocultan la real. En las últimas semanas hemos analizado el uso de identidades digitales opacas y ficticias para buscar fines injuriosos. Los analizamos en los posts La jungla de Internet (19 de feb. de 2015), y Redes de odio (1 de feb. de 2015). También hemos visto como a veces se crea una identidad de una persona no real, con un fin incierto, la mayoría de las veces con una meta publicitaria, como describimos En busca de la gloria digital (22 de mar. de 2015). En este último, reflexionábamos sobre las inverosímiles propuestas de dos chicas que movilizaron a una gran cantidad de candidatos.

Sin embargo, otras veces, la identidad digital crea un personaje que no busca darse un baño de multitudes, sino que se desplaza en la intimidad de la comunicación mediada por ordenador, como ocurrió con la argentina Sofía Velzi.

Aparentemente, esta chica de 18 años residente en Salvador de Jujuy conoció a Luciano Benítez, compatriota residente en Colón. Entre ambos se estableció una estrecha relación y él intentó quedar en numerosas ocasiones con ella. Ocasiones que fue rechazando hasta que finalmente se comprometió a viajar hasta la ciudad de su pretendiente. Si embargo, los casi 1.000 km se hicieron eternos y Sofía no llegó a su destino. Comunicó a Luciano que había padecido vómitos y que estaba ingresada en un hospital. Él fue a buscarla, pero no la encontró Se movilizó en la redes y creo en Facebook la página Buscamos a Sofía Velzi. Voluntarios del pueblo del joven también participaron activamente en la búsqueda, si resultados. La policía también investigó el caso y llegó a la conclusión de que la joven no existía y que la ficticia historia había sido articulada por una conocida del chico.

5 abr. 2015
Arqueología digital

Muchas veces hemos comentado como cuando subimos un documento a internet, este pasa a formar parte del dominio público y perdemos todo control sobre el mismo. Pero el problema no está solo en la imposibilidad de controlar lo que terceros puedan hacer con esos documentos, sino que a veces custodiamos información comprometida en nuestros propios perfiles, información disponible para aquellos dispuestos a hacer arqueología en el sustrato digital.

Carlos López (@carlos_lpz90). En 2012, el hasta hace unas horas coordinador de los jóvenes de Ciudadanos en Madrid, publicó en su cuenta personal de Twitter mensajes xenófobos.Los mensajes han permanecido enterrados en la inmensidad del océano digital hasta que el periodista Jordi Borrás (@jordiborras) los encontró y los retuiteó, citando al líder del Ciudadanos, Albert Ribera (@albert_rivera).

Carlos López, que se vio sorprendido por este hallazgo, ha sido cesado por el partido. Aunque de manera tardía, cerró su cuenta en Twitter con un último mensaje de arrepentimiento: "Pido disculpas por mis TW publicados hace años y abandono mis funciones en el grupo de trabajo de jóvenes en Madrid. Para nada pienso así".

Por ello, nunca debemos perder de vista la máxima de que no hagas en internet lo que no harías en la calle. Con la peculiaridad, de que nuestro rastro en la red puede ser rescatado en cualquier momento y, como en las películas policíacas, todo lo que diga puede ser utilizado en contra. Sin embargo, a veces olvidamos se coherentes y no hacemos caso al "tiene derecho a guardar silencio".

9 abr. 2015
Muertos de primera, muertos de segunda

La muerte es un evento muy importante en la antropología. Nigel Barley, en su tratado Bailando sobre la tumba hace una profunda reflexión sobre lo que este trance desempeña y desencadena en diferentes lugares del planeta. La defunción es un momento que conforma sociedades y fortalece o debilita vínculos entre los nodos que conforman un entramado cultural. Es innegable que todo ser vivo debe morir, antes o después. Pero la muerte humana parte de un precepto del que no son conscientes el resto de las especies animales del planeta: la anticipación del problema. El ser humano sabe que va a morir y la vida se configura entorno a este precepto: las diferentes religiones y formas de relacionarse con el medio hacen que no olvidemos esto en ningún momento. Después, nos engolosinan con diversas promesas difíciles de cumplir, difíciles de demostrar pero también difíciles de contradecir. Se promete la reencarnación, la vida eterna, el paraíso, la yanna o el walhalla. Esto ha sido así desde hace siglos y parece ser que va a tardar en cambiar.

Pero la muerte también vende, y a base de banalizarla, acabamos acostumbrándonos a ella. En lo que va de año los medios de comunicación han venido inundado los periódicos e informativos de muerte. Accidentes de avión,suicidios y atentados han sido los principales causantes de la muerte mediatizada. Si embargo, los medios occidentales tratan de diferente manera la muerte según el lugar donde se produce y la nacionalidad y estatus socio-económico de los finados. El atentado de enero en París o el último accidente aéreo en los Alpes hicieron que corriesen ríos de tinta, mientras que los 150 asesinados cristianos en Kenia apenas si han merecido algún titular de compromiso ¿Son más importantes los muertos europeos que los de otros continentes? ¿Se puede tachar de racistas a los medios por esta falta de equidad? No es racismo, nos preocupa lo que vemos, los que nos toca, lo que sentimos. Antropológicamente es explicable en tanto en cuanto formamos redes por proximidad. Por lo tanto, somos más sensibles a la pena, o alegría, vecina que a la tragedia lejana.

12 abr. 2015
God save the queen, Internet save the king

Los medios sociales han revolucionado el escenario político. Fracasada la tan cacareada política 2.0, es a golpe de tuit como los ciudadanos han conseguido ser escuchados por los mandatarios políticos. Porque, a fin de cuentas, la página de un ministerio, de una consejería o de un gobierno nacional están bajo la custodia de su webmáster o de sus community managers, pero lo que se tuitea, queda a disposición de todo aquel que lo desee. Y hemos visto innumerables ejemplos de esto en este espacio.

Pero los medios sociales permiten ir mucho más allá en esto de la gestión de la cosa pública. Y si Rajoy se sirve de una pantalla de plasma para no dar más explicaciones que las justas a los periodistas, a veces la distancia hace que la pantalla sea la vía más eficaz para unir a un pueblo con sus dirigentes. O al menos eso es lo que piensa Cefas Bansah, quien trabaja como mecánico en Ludwigshafen, Alemania, pero que cuando es necesario cambia el mono azul por ropa de colores, se pone su corona, se sienta en su trono y se conecta a Skype.

Así, a distancia, gobierna un reino tradicional en Ghana, a más de 6.000 kilómetros. Bansah, de 66 años, tiene casi 300.000 súbditos en Hohoe, cerca de la frontera con Togo. Depende de la tecnología no sólo para comunicarse, sino que como un buen tecnólogo, se sirve de las TICs para otras acciones. Sin capacidad de financiarse fiscalmente, está haciendo una colecta en línea para construir una escuela técnica para su pueblo, el grupo étnico Ewe. Sin duda, esta acción de crowdsourcing, colaboración abierta distribuida y que le ha permitido recaudar casi 20.000 euros, no será zancadilleada por su ministro de hacienda, como ocurre en España.

Y como enseñanza para sus homólogo y subhomólogos europeos, para esta función de gobierno el rey no necesita vuelos en primera clase. Antes se comunicaba por fax e iba a Ghana cerca de ocho veces al año. Con Skype, las visitas disminuyeron a la mitad."Yo uso Skype para hablar con mi hermano y mi gente y saber cómo van las cosas, si necesita más puentes, más escuelas, cómo están las obras",

15 abr. 2015
AirBNB ¿Economía cooperativa o negocio lucrativo?

AirBnb es una empresa que permite el intercambio de alojamiento entre particulares. Efectivamente, como era de prever y puesto que a río revuelto ganancia de pescadores, ha habido quien se ha arrimado a la corriente del poder horizontal para poder sacar unas ganancias por la vía rápida y son pasar por hacienda.

AirBnb ofrece más de un millón de camas en todo el mundo y, sin ningún activo inmobiliario, está valora en más de 10.000 millones de solares por diferentes grupos inversores, por delates de empresas clásicas como Intercontinental o Hyatt, valoradas en unos 8.000 millones. La mayor fortaleza de AirBnb no son su propiedades, sino su tecnología y la capacidad de poner en contacto propietarios y huéspedes. Todo ello respaldado por un sistema de reputación basado en los perfiles de Faceboook de ambas partes. Así, si nos decidimos a alquilar nuestra propiedad, podremos comprobar a priori si vamos a traer de invitados a los juerguistas de Resacón en las Vegas y, en el caso contrario, nos desplazaremos tranquilos de no entrar en la casa de Norman Bates.

Hay otros sites similares, pero AirBnb parece haber tomado el testigo del intercambio de viviendas.

19 abr. 2015
Sobreperiodificación

Los grandes grupos de comunicación disfrutan acusando a Internet como el culmen de sus desgracias. Sin embargo, la decadencia de los rotativos tradicionales se venía observando desde hacía tiempo. Los periódicos dejaban de venderse por lo que eran, y su principal atractivo no era la lectura y la información que contenían, sino las películas o colecciones diversas que se distribuían junto al noticiero. Así, las ventas aumentaban tanto mejor fuera el "regalo" que acompañanaba al periódico.

Con internet el servicio que ofrecían los periódicos ha mejorado, pues ahora el lector tiene la posibilidad de acceder a información (o al menos titulares) de infinidad de medios de todo el mundo y goza de cierta interacción, ya sea a través de perfiles en medios sociales o a través de plataformas de participación más herméticas como discus o eskup. Aumenta la cantidad de la oferta de manera sustancial, pero no ya tanto la calidad. Hemos visto en varias ocasiones como los medios tradicionales se nutren en demasía de ese internet que tanto critican. Se toman noticias u opiniones y, sin contrastar en muchos casos, se incorporan directamente a los contenidos del rotativo. El hoax, el bulo, ha desembarcado en la prensa, y nunca más podremos estar seguros de que una noticia publicada en el Pais sea más fiable que un chascarrillo publicado en un blog.

A este drama de la canalización de la información se le añade la proliferación de "periódicos" digitales, de escasa trascendencia y un marcado componente lobotomizador. Los diferentes lobbies políticos, religiosos o comerciales pueden montar fácilmente un periódico en la red. El coste es relativamente bajo, su difusión incierta, pero viste a sus ideólogos cuando usan como argumento "según el diario digital X (léase el plural, libertaddigital, libremercado...)". Pero al igual que el vídeo no mató a la estrella de la radio, internet no matará al periódico, sino que lo obligará a adaptarse y la crisis del periodismo servirá como purga, filtrando los medios que sepan convivir con la nueva realidad y dejando en la cuneta aquellos que no se adapten. Inevitablemente, como en cualquier guerra, también desaparecerán inocentes. No obstante, como reflexión nos quedamos con las palabras del semiótico italiano Umberto Eco: "el diario tiene que convertirse en un semanal. Porque un semanal tiene tiempo, siete días para construir sus reportajes. Si leés Time o Newsweek, ves que varias personas han contribuido a una historia concreta, que han trabajado en ello semanas o meses, mientras que en un diario todo se hace de la noche a la mañana. Un periódico que en 1944 tenía 4 páginas hoy tiene 64, con lo cual tiene que rellenar obsesivamente con noticias repetidas, cae en el cotilleo, no puede evitarlo. La crisis del periodismo es un problema muy grave e importante."

Visto el problema de la sobreperiodificación, en el próximo post hablaremos de otro lobby que acusa a Internet de todos su males, sin pararse a reflexionar y mirar hacia su interior: el mundo editorial.

22 abr. 2015
¿Cómo se construye un best seller?

En el post anterior analizábamos cómo a pesar de las quejas del sector, la prensa escrita tenía un enemigo interno, y este era la mediocridad: malos contenidos, noticias póstumas y no contrastadas... Internet obliga a hacer cambios a la hora de entender el negocio, obliga a cambiar la perspectiva, pero el nicho de mercado de la información está ahí, y hay que saber explotarlo. Hasta tal punto es una falacia que internet mate al periódico que hemos visto aparecer en los últimos tiempos diversos medios que nunca han estado presentes en papel.

Pues podríamos establecer un paralelismo entre lo que le ha ocurrido a la prensa escrita con lo que le está ocurriendo a otras "industrias culturales", como el cine o el mundo del libro. Comencemos por mercado editorial, que esta semana está de luto por el anuncio de Olvido Hormigos de publicar su primera novela. Y lo hará nada menos que con RBA. El mismo luto que el mundo de la cultura debió guardar cuando Belén Esteban publicó Ambiciones y reflexiones con editorial Espasa. En este caso, y comprobada la capacidad semántica de la "autora", parece quedar patente que la ex- del torero se limitó a prestar su imagen para la foto de portada. Y nos queda un tercer as en la manga: Ana Rosa Quintana. Siendo periodista, podríamos habernos creído que Sabor a hiel, publicada por editorial Planeta en el año 2000 era obra suya. Sin embargo. algunos párrafos de la novela habían sido copiados de la obra Álbum de familia de Danielle Steel y de de Mujeres de ojos grandes, obra de la autora mexicana Ángeles Mastretta. En un comunicado público, responsabilizó de lo sucedido a un estrecho colaborador, el periodista David Rojo. En otras palabras: plagio y uso de negros en un solo libro.

Si RBA, Espasa y Planeta se prestan a juegos casposos e invierten en obras de este calibre, resulta antiético e inmoral que critiquen que internet está matando la cultura, porque lo suyo no es cultura. Hay un divorcio entre la industria cultural y la cultura. La industria vende libros vacíos de contenido con fotos de vedettes del mal gusto. La cultura pierde sus canales clásicos de difusión. Por lo tanto una y otra tendrán que reinventarse, pero hacer un ejercicio de sinceridad y aclarar en qué bando juegan.

25 abr. 2015
Whatsapp como fuente de conflictos

Whatsapp ha entrado en nuestras vidas de manera arrolladora. Si hace cuatro años años era un experimento entre avezados usuarios dispuestos a probar las apps más curiosas que van saliendo al mercardo, en la actualidad es un software presente en cualquier smartphone que se precie. La empresa, adquirida por Facebook, se consolidó de manera imparable en el mercado, desbancando a otras opciones que lo superaban en cuestiones de fiabilidad y seguridad. Sin embargo, el marketing es más importante que tecnología, y hoy podemos afirmar que está presente en la mayoría de los teléfonos. Pero no vamos a hablar ni de sus carencias ni de sus bondades, sino de cómo afecta a la comunicación humana.

La aplicación nos abre una ventana de comunicación inmediata con el mundo, ya sea para actuar como emisores como receptores. La información puede ser bilateral o multilateral, según nos comuniquemos con un usuario o con un grupo. Los grupos pueden convertirse en saco roto, en un ecosistema depredador a medida que se van ampliando. Porque, inicialmente, podemos pensar que un grupo se crea entre una serie de usuarios con una serie de vínculos comunes, como un grupo de amigos, familiar, un club deportivo o social... Sin embargo podemos acceder a grupos en los que al relación entre sus miembros no es directa, y es aquí donde puede iniciarse el conflicto. Es lo que ha venido pasando, como hemos podido leer en diversas noticias, en los grupos de padres de alumnos de una misma clase. No necesariamente todos los chicos tienen que tener una buena relación entre ellos por el mero hecho de ser compañeros de aula, pero menos evidente es que las relaciones entre los padres de todos ellos deba ser buena.

El grupo de aula puede generar tensiones por ser un amplificador inmediato de la noticia como afirma un profesor del CEIP Escola de la Concepció, de Barcelona "Antes, si un niño se caia en el patio, al cabo de una semana todos los padres lo sabían. Ahora la noticia de ese accidente se expande en un minuto". De esta inmediatez parte también Francisco Núñez, sociólogo de la UOC, porque "unida a la descontextualización de los mensajes, puede acabar provocando, que el grupo de WhatsApp se convierta por unas horas en la plaza pública en la que se carga contra un determinado profesor o contra la dirección del centro". Núñez repara también en la importancia de distinguir entre la esfera privada y la pública, entre variable multilateral/bilateral que mencionábamos en el párrafo anterior. "Cuando uno hace un comentario, contando que tu hijo se ha caído en el colegio, tú lo haces desde tu contexto. Puedes estar tomando un café con otros padres o de camino al trabajo. Y en ese contexto, lo que escribes, tiene un significado determinado. Pero al mandarlo al grupo de WhatsApp, entra en un espacio público, tu mensaje puede ser copiado y reenviado a otros foros, y llega de forma inmediata a otros móviles, a otras personas que están en otros contextos y entonces, la información se lee de formas muy diferentes. Y eso da lugar a los malentendidos, las ofensas, el sentirte agredido, el pensar¿pero qué dice este?, ¿que se ha pensado esta madre? O ¿qué se han creído los profesores? "

No sólo se generan linchamientos hacia terceros, profesores en este caso, sino que esa falta de contextualización puede lleva a enfrentamientos entre miembros del grupo que posiblemente ni se conocieran a priori. En estos casos prima la sensatez, y hay que tener en cuenta de que, a pesar de la sensación de impunidad que nos proporciona el teclado, nos encontramos ante una herramienta de comunicación muy importante y nuestras comunicaciones, a diferencia de lo que pasa con las palabras, no se las lleva el viento, sino que quedan registradas en los teléfonos de otros usuarios, y que desde allí, pueden pasar de manera viral hacía un escenario que nunca hubiéramos imaginado que llegaría cuando escribimos el mensaje.

29 abr. 2015
Comunicar o no comunicar, he aquí la cuestión

En el anterior post tratábamos la conflictividad que whatsapp puede generar en un grupo, debido a la inmediatez y a la falta de reflexión sobre las consecuencias y el alcance que nuestras palabras podrán generar a posteriori. En esta ocasión nos vamos a centrar en distorsiones de comunicación en la esfera privada, en una conversación bilateral. Este tema queda tratado en el corto Yo tb tq, de Dani Montes, realizado para el I Festival de Cortos Express 'SOHO Málaga FASTival'.

La comunicación humana se basa en un lenguaje complejo y articulado, producto de milenios de evolución. Incluso la comunicación oral cara a cara a tiempo real, espontánea y con gran margen de maniobra y con posibilidad de retroalimentación entre emisor y receptor se alimenta de otros tipos de comunicación subsidiarias, como los gestos o las miradas. El abuso de mensajería y la merma de tiempo que supone la escritura, hace que el mensaje pierda espontaneidad, contexto fluidez y consistencia, pudiendo llegar a ser malinterpretado.Sin embargo, la masiva utilización de estos medios comunicación contemporáneos se imponen en nuestros días, ocupando todas las facetas de nuestra vida: laboral, tiempo libre, amistad... Urge aplicar sensatez en nuestro intercambio de mensajes para evitar que una mala interpretación o una descontextualización puedan arruinar la comunicación en curso.

3 may. 2015
La red me mima, yo me mimo

Cuando hemos hablado de identidades en la sociedad red, nos hemos referido mayoritariamente a la extensión de la identidad convencional. Es el uso más frecuente, en el que los usuarios muestran un perfil parecido al que muestran en la calle, con algunos matices, ya que el interfaz, la pantalla genera cierta seguridad y donde el tiempo real relativo deja presentar unas características más premeditadas en que el vis-à-vis. Otras veces, encontramos identidades falsas, que o bien pretenden iniciar actividades ilícitas o persiguen fines comerciales.

Sin embargo hasta ahora no habíamos hablado de la creación de dobles identidades donde el perfil falso se utiliza para adular al verdadero o para hacerle a éste la guerra sucia. Una especie de doctor Jeckyll narcisista. Y lo hacemos ahora aprovechando la noticia de un concejal castellano que utilizaba una identidad falsa en Facebook para alabar a su identidad real y atacar a sus opositores. Javier López Garoz utilizaba un doble perfil en internet para alabarse a sí mismo y, al mismo tiempo, criticar a sus rivales y enemigos. Ingeniero industrial y activo internauta, creo a 'Sebastián' y no dudó en interactuar con él. Le funcionó la treta hasta que en un foro de debate de un medio local opinó en primera persona como concejal, pero firmó como Sebastián. Arrepentido, ha dejado la política y ha pedido disculpas. Nosotros nos quedamos con la pauta, es decir, con la creación de un alter ego que nos idolatre o que nos haga el trabajo sucio.

6 may. 2015
La memoria fragmentada

Si bien no compartimos el concepto de nativo digital, como hemos argumentado en diversas ocasiones, sí que somos conscientes del componente de cambio generacional que se encuentra en el sustrato de la sociedad red. Es decir, que aunque no todos los jóvenes viven la red, la gran mayoría que utiliza los medios digitales lo hace de manera diferente a la que lo hacen sus mayores. Esto se nota en la obsesión por mostrar gráficamente sus momentos vividas. Así, las redes sociales se llenan de fotografías y vídeos de momentos cotidianos. Y esta manera de gestionar los recuerdos también es interpretada de diferente maneras por jóvenes y no tan jóvenes. Así, mientras unos, conformados en una sociedad no digital, se obsesionan con la acumulación de estos recuerdos en medios tradicionales, otros dan menos importancia al recuerdo y más al momento. De hecho, desde este prisma, la pérdida de estos soportes supondría un terrible trauma para unos, pero un suceso menos terrible para los otros ¿Qué ocurriría si todas las fotos o recuerdos alojados en la nube desaparecieran de repente?

Sin embargo, esta apocalíptica posibilidad aterra en menor medida a los más jóvenes. Así, quien aterrizó en tuenti hace ocho años, acumulando miles de fotos en poco tiempo, es capaz de migrar sin retorno a plataformas más dinámicas y acordes con sus procesos vitales, como Facebook o Instragram, sin miedo a perder esa memoria digital generada con horas de conexión. El momento es más importante que el legado. Si un perfil es abandonado, gran parte de la producción gráfica asociada al mismo queda enterrada sin remordimientos. A fin de cuentas, los medios sociales son un medio de vida, un carpe diem contemporáneo donde lo importante es mostrar lo que se vive, no lso recuerdos de un pasado más o menos superado.

10 may. 2015
Del PC a la Social Media

Desde hace décadas la informática ha estado presente en nuestra vidas, condicionándolas, aunque fuera de manera indirecta. Nuestros datos, nuestros viajes, los libros que leíamos o las películas de veíamos eran como eran gracias al uso de ordenadores, si bien el concepto de informática no ocupaba un lugar preponderante en el ideario colectivo. Poco a poco trascendió el uso del ordenador personal, un nuevo electrodoméstico que pretendía entrar en los hogares haciendo normal aquello que antes estaba reservado para empresas e instituciones. Los usuarios podían ahora disponer de un dispositivo informático personalizado, disponible en su casa, para facilitar algunas tareas cotidianas.

Con el paso del tiempo, los ordenadores se convirtieron en dispositivos carentes de interés si no fuera por estar conectados a la red, junto a millones de otros dispositivos y, por ende, de otros usuarios. Actualmente, el pc, incluso el portátil, comienzan a estar superados por otros dispositivos más manejables, como tablets y móviles. El usuario requiere un uso intensivo sin querer comprender el funcionamiento de la máquina. Un aparato rápido, potente, sin necesidad de aprendizajes extras. Lo importante ahora, es la conectividad.

Hemos pasado de una informática personal, a una social. Lo importante es estar conectado. Los medios físicos domésticos han dado pasa o a la nube y los grandes dispositivos con pantallas y teclados dan paso a un pantalla ubicua y multifunción, de entre 5 y 12 pulgadas, que nos permite estar conectados en todo momento y todo lugar.

17 may. 2015
Spam, cuando el enemigo entra en casa

Que la red ofrezca una montaña de datos no siempre es beneficioso para el usuario. Sobre todo cuando entre esos datos se encuentran nuestra dirección postal, nuestro teléfono o nuestro email. Igual que existen empresas obstinadas en atascar el buzón de nuestras casas, hay otras que pretenden hacer lo mismo con nuestro buzón de correo electrónico. y ambas situaciones son bastante incómodas.

Para el spamer, conseguir nuestra dirección de correo no supone un gran esfuerzo, pues no es difícil que esté disponible en alguno de los inmensos listados disponibles en las cloacas de la red. Y desaparecer de ellos o hacerse invisible, no es tarea fácil.

Pero además del buzón de nuestra puerta y nuestro correo electrónico, las empresas de publicidad invasiva tienen a su alcance otro dispositivo para violentar nuestra intimidad: el teléfono. Escapar de este mal es aún más difícil. Si lo padecemos en nuestro smartphone, una aplicación blacklist puede ser de gran ayuda. Pero si en casa tenemos un teléfono convencional, no hay escapatoria. El primer intento sería comunicarle al vendedor nuestro deseo de ser excluido de su club, pero hay pocas esperanzas de que tenga en cuenta nuestra petición. Como segunda opción podríamos pensar en denunciar, pero es un camino arduo, pues los call centers pueden estar repartidos por diferentes lugares del planeta, saltando jurisdicciones nacionales. Como tercera alternativa podríamos llamar a nuestra compañía telefónica, pero la sorpresa sería igualmente desagradable. Movistar cobra un alta por el servicio de bloqueo y casi un euro mensual por número bloqueado.

En este turbio negocio salen beneficiados los anunciantes, los spamers y hasta las operadoras telefónicas. Y el pobre usuario sigue sin escapatoria eficaz. Cerramos esta crítica queja con algunos de estos números invasivos:

954 302 064 Jazztel
924 980 635 Jazztel
924 980 666 número de fax
912 062 520 Real Force
912 869 780 Oferta Comercial
917 717 587 Desconocido (según Movistar el número no pertenece a ningún abonado)
911 861 931 Desconocido (según Movistar el número no pertenece a ningún abonado)

17 jun. 2015
Yodels, el paraíso de los trolls

Que la red nos transforma no es nada nuevo. Que todo lo que escribamos en ella quedará registrado para siempre, no es novedad. Y si no, que se lo digan a Zapata, al flamante concejal de cultura de Madrid. Porque vivimos en un país en el que gran parte de los delitos de guante blanco prescriben a los cinco años, pero lo escrito en Internet, en el caché de Google está de por vida. ¡Ojo! teniendo en cuenta que de por vida, en la intrahistoria de internet, es relativamente poco tiempo. Agazapada, latente, en espera de que un enemigo la encuentre, una opinión fuera de tono, un mal chiste o una foto inapropiada puede salir a la palestra para hacernos pasar un mal trago.

Por ello, como hemos analizado en otras ocasiones, no es extraño encontrar casos de doble personalidad. Suplantación de identidades o directamente identidades ficticias para favorecer intereses concretos son casos frecuentes en la red. Visto esto ¿estamos preparados para una red totalmente anónima? Bajo este premisa aparece Yodels, una apps en el que el GPS de nuestro dispositivo móvil nos vincula al resto de usuarios de nuestro entorno próximo. Bueno, realmente vincula opiniones, ya que una vez instalada, Yodels nos permite dejar opiniones en el tablón de nuestra zona, de manera anónima. Nuestros comentarios pueden ser valorados positiva o negativamente y/o respondidos, de manera igualmente anónima, por otros usuarios.

La idea, que a priori puede ser interesante, no es difícil que se desborde. Es lo que ha ocurrido en la localidad de Montijo, donde el espacio de intercambio se ha convertido en un entorno hostil, con insultos y amenazas, hecho que ahora investiga la guardia civil.

Sin duda Internet nos aporta una serie de herramientas que pueden mejorar notablemente nuestras vidas. Pero es igualmente cierto que esa capacidad para amplificar el bien puede ser rápidamente revertida para, como en este caso, hacer daño. Condición humana.

21 jun. 2015
Idiotas en red

Si algo bueno ha traído internet es la comunicación horizontal. El hecho de que todos tengamos la posibilidad de que nuestra voz se escuche y se lea en un escenario global . Evidentemente, como en cualquier otro entorno, hay quien le dará buen uso y quién no. Igualmente, habrá usuarios coherentes que a veces se confundan y usuarios dementes que a veces tengan razón. Pero ahí radica parte de la grandeza de libertad de expresión. Pero esto no sólo ocurre en internet. En la prensa escrita, en radio o en televisión ocurre exactamente igual desde hace mucho más tiempo ¿O es que los desvaríos de telecirco aportan más riqueza intelectual que un foro o un grupo de FB? La principal diferencia es que el acceso a internet es libre y a los platós de televisión no.

Sin embargo, sigue habiendo detractores de esta democratización. Kim Jong-un o Rouco Varela son personajes públicos que se han mostrado contrarios a la libertad de expresión y a la democratización del conocimiento. Umberto Eco tampoco parece estar muy contento con el advenimiento de los medios sociales y recientemente ha opinado que le "las redes sociales les dan el derecho de hablar a legiones de idiotas que primero hablaban sólo en el bar después de un vaso de vino, sin dañar a la comunidad. Ellos eran silenciados rápidamente y ahora tienen el mismo derecho a hablar que un premio Nobel. Es la invasión de los necios."

No sabemos si don Umberto estará pensando que los ciudadanos tengan que obtener un doctorado antes de poder dirigirse ante su eminencia. Pero desde luego, con estas observaciones está perdiendo la perspectiva de los canales de comunicación del siglo XXI.

28 jun. 2015
Los procesos de desterritorialización y el discontinuo glocalizado

Internet ha posibilitado que los conceptos dicotómicos convivan juntos. Por una parte nos permite como usuarios asomarnos al mundo y por otra permite que el mundo entre en nuestra pantalla. La red ha permitido que lo global y lo local confluyan y se diluyan, permitiendo que lo más lejano llegue al entorno del usuario al mismo tiempo que la realidad de éste puede recorrer y llegar a los confines de la tecnoesfera. Se establece pues como un entorno aterritorial. En el dominio temporal también se diluyen y confunden tiempo real y perpetuidad, lo efímero y lo eterno. Es decir, puedo captar una idea generada en las antípodas en menos de un segundo, para bien o para mal. Pero por el contrario, cuando esa idea llega al espacio global, al dominio público, poco podremos hacer para borrar sus huellas. Y hablando de lo público, este concepto, tomando como válido el último ejemplo, se mezcla e manera irreversible con lo privado.

Estos procesos de desterritorialización pueden llevarnos a cometer acciones y declaraciones erróneas, pues un concepto cultural territorial limitado, de inmediato se hace global y puede ser interpretado desde otras realidades locales. Nos encontraríamos pues ante un discontinuo glocalizado. Es lo que le pasó hace unas semanas a Paulina Rubio. Tras las pruebas de acceso a la universidad españolas, se hizo popular en este espacio territorial el hashtag #PAU2015, que hacía referencia a las citadas pruebas. Sin embargo, la cantante méxicana recontextualizó el mensaje al pensar que se refería a ella. Dentro de la popular red, la cuestión se hizo viral, en un espacio, ahora sí, puramente global.

El hecho, sin ir más allá, nos invita a reflexionar sobre cómo internet gestiona estas tres variables: espacio, tiempo y privacidad.

5 jul. 2015
FeelDreams, siente tus sueños

El fenómeno 2.0 ha logrado que el usuario anónimo se sienta la estrella en su pequeña parcela de red. Estas comunidades horizontales, antes en un ordenador y ahora en un móvil, conseguían amplificar el alcance de las acciones e intereses de un usuario. De manera telemática, los participantes de estas redes podían conseguir notoriedad o servicios.

La aplicación FeelDreams va un poco más allá, y el usuario puede exponer sus sueños, en espera de que la comunidad lo ayude en su consecución. No hay límites: recorrer Europa en bicicleta, reconquistar a tu primer amor, correr una marathon...

Pero como escribía Calderon, soñar no es suficiente, hay luchar para conseguirlo. No sabemos quién está detrás de todo esto, pues soñar es sano y barato, pero el karma no paga las facturas. No obstante, desde la web del proyecto se definen así:

SOMOS
Un lugar donde poder soñar sin ser juzgado
Un altavoz para contar los sueños al mundo
Una fraternidad de soñadores
SOÑAMOS
Porque las personas tenemos el poder, de cambiarlo todo
Porque ahí fuera hay un sueño que tú puedes cumplir
Porque los héroes son gente real
CREEMOS
En ayudar cuando se necesita, no cuando interesa
En el poder del grupo
En que todos podemos soñar

No sabemos si se cumplirán muchos sueños, si los usuarios serán solidarios y ayudarán en espera de ser ayudados. Pero al menos es una iniciativa positiva, humana y reconfortante. Habrá que siguiere la pista de cara al verano que se nos acerca.

12 jul. 2015
dead drops ¿la caja de pandora en nuestro portal?

Si paseando un día por su ciudad cree ver un usb asomando de una pared, no se asuste, puede que se encuentre ante un dead drops. Este proyecto, ideado por Aram Bartholl viene a ser el mensaje en la botella del siglo XXI. Quien quiera participar en este macro perfomance global no tiene más que acercar su portátil o tablet a la misteriosa aparición y conectarse a ella a través de un puerto USB.

¿Qué podemos encontrar dentro? ¿Fotos, vídeos, libros, una declaración de amor? Cualquier opción es posible. Sin embargo, actúe con precaución, pues también puede ser una excelente fuente de virus dispuestos a mortificar a nuestro ubicuo dispositivo.

23 jul. 2015
Censurar la telebasura

La censura es una práctica habitual. Más de lo deseable. En varias ocasiones hemos analizado cómo Internet es controlado por los gobiernos, tanto en dictaduras como en democracias. Sin embargo, la prensa occidental, elemento imprescindible en la maquinaria de reproducción anunciada por Bourdieu, se lleva las manos a la cabeza cuando esta censura se aplica fuera de occidente.

El diario francés Le Figaro publica un reportaje en el que denuncia que china planea censurar los contenidos televisivos que considere vulgares o poco recomendados. La noticia tiene múltiples lecturas pues somos conscientes de lo corrosivos que pueden ser algunas emisiones y algunas cadenas. España estableció hace algunos años un código ético en el que se impedía difundir algunas emisiones en horario infantil. Sin embargo, el canal productor de telebasura por excelencia, Telecinco, ha buscado constantemente la forma de saltarse estas limitaciones con el objetivo de arñar décimas de Share.

Evidentemente es un tema delicado ¿Quién debe decidir los contenidos que emite una cadena privada? ¿Existen límites en pro conseguir más tasa de audiencia? ¿Cuáles son los contenidos que deberían estar prohibidos? El tema es tan complicado como buscar una legislación única para internet. Vivimos en una sociedad digital, y los bits no entienden de fronteras aunque los nostálgicos catódicos sigan soñando con una sociedad previa al apagón analógico.

26 jul. 2015
Convirtiendo el capital cultural en capital económico

La web 2.0, bajo la excusa de ser un espacio donde el usuario es el rey, con capacidad para consumir y producir al mismo tiempo, se nutre gratuitamente del abnegado trabajo de millones de usuarios que, de manera altruista, regalan su creatividad a la red. En la mayor parte de los casos, el resultado de esta anónima labor digital, no merece la pena y queda oculta sobre océanos de bits nada más ver la luz.

De todas maneras, a nadie importa. El sufrido creador cumple su sueño de hacer que su voz recorra Internet mientras que los grandes magnates de la información, aquellos que ceden "gratuitamente" sus servidores para que las voces anónimas tengan difusión, no tienen que realizar una gran inversión para proyectar sobre los usuarios esta ilusión de voz universal. Sin embargo, entre cientos de servicios gratuitos sin más valor añadido que el que pueda darle el usuario (Como ocurre con blogger), hay empresas que saben rentabilidad el sueño del prosumidor. Es el caso de TripAdvisor, cuyo objetivo último era ofrecer a los viajeros un foro de intercambio donde, de manera gratuita, podrían alojar sus experiencias, opiniones y recomendaciones a otros viajeros.

De esta manera, el viajero disponía de una base de datos en primera persona, donde otros usuarios comentaban dónde ir, qué ver, qué comer y dónde dormir. Sin embargo, ante un proyecto utópico, cooperativo y colaborativo, se escondía un filón de negocio muy jugoso. Internet ofrecía al viajero la posibilidad de información sin límites, pero regalaba a la empresa una minería de datos sin precedentes. Era la evolución tecnológicamente previsible de las famosas guías de trotamundos. Sin embargo ya no es necesario pagar exploradores o viajeros que redacten guías de los cinco continentes ya que ahora millones de internautas se ocuparían de hacer ese trabajo de manera más minuciosa, pues se puede editar hasta el más recóndito albergue o el chiringuito más perdido de manera fácil y sencilla. Todo un éxito de la cooperación ciudadana que es explotado de diversas maneras por la empresa concesionaria que "acoge" los contenidos. Se ofrece el valor editorial del creador, pues habrá tanto comentarios válidos como nefastos, pero a cambio se recoge el capital humano regalado por los usuarios.

De este modo, TripAdvisor puede recomendar lugares imprescindibles, basándose en las opiniones de sus colaboradores. No importa la calidad de las mismas, ni su contenido, ni su forma... importa sobre todo su número. TripAdvisor se ahorra así todo el trabajo de campo, lo que sería la faceta más costosa del modelo previo. Un negocio redondo: se elimina gran parte de la inversión inicial y se recoge infinitamente más información de la que se obtenía con el formato anterior.

Los gerentes de restaurantes y hoteles pierden el sueño por la placa de recomendado en tripadvisor como ocurría antes con la placa de le guide routard. Viene a ser en el turismo low-cost lo que las estrellas michelin en un escalafón superior. Y los que aún no tienen la codiciada placa, se conforman con un "ya estamos en tripadvisor", aunque cuenten con una sola opinión, escrita por el hijo del patrón o por uno de sus camareros.

29 jul. 2015

¿Puede la tecnología sustituir al ser humano?

No mentimos si decimos que la tecnología nos ayuda y hace más fáciles algunas tareas. Sin embargo, la sensatez no debe olvidarse por muy tecnológico que sea nuestro entorno. O, al menos, debemos estar seguros de saber manejar con precisión esa tecnología. Al igual que un libro no aportará nada a una persona que no sepa leer, de nada nos valdrá un gadget si no sabemos manejarlo de manera eficaz.

Sin ánimo de hacer leña del árbol caído, esta semana nos sorprendía la noticia de un autobús español que había sufrido un accidente en la localidad francesa de Lille, quedando atrapado en un túnel con gálibo más bajo que el vehículo. El suceso se produjo, aparentemente, al seguir el conductor las instrucciones del GPS. Sin embargo, no se trata de un caso único, pues estamos acostumbrados noticias de este tipo.

Al instalar algunas aplicaciones de este tipo, como la célebre Navmii (anteriormente NavFree). el software nos avisa de que una vez instalado, el servicio debe ser usado como asistente, no como sustituto del conductor, teniendo en cuenta una serie de instrucciones. Y es que, al menos a nivel de usuario, estas aplicaciones son unos ayudantes excepcionales, pero no infalibles.

2 ago. 2015
¿Cuánto vale nuestra identidad?

La identidad en red es una cuestión que el cibernauta no deja pasar por alto. En este espacio hemos tratado el tema en diferentes ocasiones, haciendo referencia sobre todo a la proyección que el sujeto lanza hacia el exterior. Como tal, es un aspecto que suele ser muy valorado, pues si la cara es el espejo cela alma, nuestra imagen digital es el espejo de nuestra identidad física trasladada al mundo digital.

En el caso de personalidades o instituciones esto supone un problema serio. De hecho, hay expertos en imagen digital que obtienen pingües beneficios a cambio de que la imagen del cantante de moda o del político de turno sea lo más cool, moderna u honesta -según sea el caso del cliente- que se necesite en cada momento. A fin de cuentas, a pesar de que lo que sube a la red se convierte instantáneamente en dominio público, el efecto interfaz (la barrera que existe entre emisor y receptor, entre consumidor y productor) da un tiempo de beneficio.

Evidentemente, cuando hay tanto interés en juego, es comprensible que estas célebres identidades sean falsificadas o robadas. Pero ¿son interesantes las identidades comunes? ¿merece la pena invertir tiempo en robar cuentas de usuarios anónimos? Sin lugar a dudas sí. Por una sencilla razón: es una actividad relativamente sencilla y rentable. El objetivo del hacker no es una identidad concreta, sino que lanza las redes (phising) es espera de que los incautos caigan en ellas. Y de hecho caen. Con más frecuencia de al que imaginamos. El robo de una cuenta de correo personal o de una cuenta de Facebook puede tener poco valor, sin embargo puede ser interesante para generar opiniones. Pero el que nos roben una cuenta de Ebay o de paypal sí que pueden generar beneficios tangibles de manera inmediata, al igual que cualquier tipo de información financiera (cuentas bancarias, tarjetas...). Esta identidades pueden ser vendidas en foros, mercados negros y otros mentideros de la red. Sólo hay buscar un poco, y nos sorprenderemos de lo fácil que puede resultar comprar, por poco menos de un euro, una identidad robada. Mientras tanto, sólo nos queda ser sensatos.

9 ago. 2015
Hasta que la muerte nos separe

La vida digital nos ofrece una nueva dimensión para conocer y para hacernos conocer. Nuestras imágenes y nuestras palabras pueden llegar a cualquier rincón del planeta en segundos y permanecer en el ciberespacio por un tiempo impreciso. No conocemos aún la fecha de caducidad de estos medios ni de la red en sí. Así que aunque a priori nos parezca imperecedera, la esfera digital es vulnerable, al igual que la propia humanidad, y susceptible de desaparecer en cualquier momento.

Sin embargo, es más probable que millones de usuarios desaparezcan antes que la red ¿Qué pasa con las identidades digitales de los difuntos? ¿Quedan en el limbo digital? Facebook, como territorio propio con legislación propia, oferta la posibilidad de cederla a lo herederos. Para ello basta con ir a seguridad y a contacto de legado e indicar el nombre de un amigo que se haga cargo de nuestra cuenta una vez que se convierta en conmemorativa. El heredero podrá realizar algunas funciones, como publicar en el muro o actualizar la foto de perfil o aceptar nuevas amistades, pero no podrá publicar en nombre del finado.

16 ago. 2015
Amazon Dash Button, comprando sin salir de casa

Hace unas semanas que nos preguntábamos si la tecnología facilitaba nuestras vidas. La respuesta, evidentemente, es afirmativa. Sin embargo, no está exenta de matices o, al menos, de apreciaciones. Concretemos una acción cotidiana: hacer la compra. Está claro que a través de Internet podemos encontrar cualquier producto, comprarlo de inmediato y recibirlo en nuestro hogar pasado un tiempo variable. Esto también podemos hacerlo en el ámbito local, pues cualquier supermercado medianamente serio nos permite hacer la cesta de la compra desde nuestro ordenador y disponer de ella en pocas horas en nuestra casa.

Sin embargo, mientras más sencillo sea el proceso de compra, más fácil será atrapar al cliente. Por eso Amazon, de momento en EE.UU, ha unido los dos modelos, el de detallista on-line y el de gran superficie convencional para llegar a más hogares. Y para simplificar al máximo el proceso de compra, ha ideado los Amazon Dash Button, unos botones que podemos conectar a la wifi de nuestro hogar y pegarlos en lugares estratégicos de la casa. Una vez pulsado el botón correspondiente, recibiremos el pedido en nuestro hogar. Podemos pegar el botón que compra el detergente sobre la lavadora y el de las chocolatinas sobre el mando a distancia de la tele. Eso sí, se hace necesario comprar un botón que cuesta 4,99 dólares por cada producto. Por el momento existen dieciocho modelos, que nos permiten comprar cápsulas para la máquina de café, papel higiénico, pañales, sobres para hacer macarrones con queso, maquinillas de afeitar, bolsas de basura y refrescos como Izze o Gatorade.

20 ago. 2015
Ashley Madison, cuando el burdel abre sus puertas.

Hace unos días saltó a los medios la noticia del hackeo de la página de citas Ashley Madison. Dependiendo de la catadura moral de cada rotativo, la noticia se dirigió hacía un aspecto u otro. Y los comentarios de los lectores se radicalizaban aún más. Nosotros nos olvidamos de los valores éticos de los usuarios y nos quedamos con los aspectos técnicos. Una empresa digital, que cobra a sus usuarios, permite que sus bases de datos sean violentadas por terceros. O si no lo permite, al menos no ha sido capaz de guardar con seguridad las identidades de sus clientes: más de 37 millones en todo en el mundo.

Evidentemente, este tipo de acciones no son vulgares ataques de phising, como hemos hablado en los últimos post, sino que se requiere una técnica avanzada. Ante la falta de reivindicaciones, podremos especular sobre la autoría de los hechos: un grupo religioso conservador, un grupo de ladrones en busca de tarjetas de créditos, una astada con ganas de revancha... Sea como fuere, las aventuras discretas que la web ofrecía han quedado aireadas y un fichero que recogía los datos de millones de usuarios ha sido divulgado impunemente. Como poco, la empresa debería replantearse su responsabilidad en el asunto, por los daños causados a sus clientes.

El circo mediático tampoco ha dejado pasar la oportunidad de sacar tajada, y alguna emisoras no han dudado en sacar testimonios de los afectados, así como descubrir en directo a una oyente la infidelidad de su pareja. Sin duda, por su alcance, por el número de afectados y por la divulgación mediática, es una noticia que muestra por una parte como la red se convierte en una extensión del mundo físico y por otra parte como la seguridad es un problema al que nadie es ajeno y que sin embargo ni usuarios ni grandes empresas son capaces de controlar.

23 ago. 2015
Pescando en Mercadona

Retomamos el tema de la seguridad, del que hemos venido hablando en post anteriores. Y si el jueves hablábamos del ataque a una web comercial con el objetivo de extraer información sensible (nombres de usuario, datos financieros...) hoy vamos a hablar de un ataque de phishing, una técnica mucho más sencilla donde es el usuario el que "cede" sus datos. Para esto no es preciso amplios conocimientos informáticos: la ingenuidad o la avaricia de las potenciales víctimas harán que el trabajo dé sus resultados.

Un ataque de phishing es relativamente fácil de implementar con la información disponible, algo de infraestructura más allá de la de andar por casa y algo de conocimientos mínimos de informática avanzada. Es más difícil amortizar el ataque que la realización en sí. Es decir, crear un cebo es relativamente sencillo, lanzar la caña también. Lo complicado es encontrar víctimas que piquen, pero las hay, a cientos. Y los medios sociales y la facilidad para crear soluciones virales en ellos son el caldo de cultivo idóneo para el éxito de estas operaciones. No es necesario seleccionar las víctimas y desarrollar la trama una y otra vez. Con un sólo cebo, de manera inmediata y una difusión logarítmica los incautos irán cayendo de manera imparable.

Esta semana el twitter de la policia nacional y diversos medios nacionales se hacían cargo de una estafa que se extendía a gran velocidad por WhatsApp y por otros medios de mensajería. Sin embargo, a pesar de la difusión dada, no es una novedad. Esta técnica se viene utilizando desde hace año. En el mensaje se invita al lector a entrar en una web con url entrecortada (http://bbit.ly/mercadona-vale) en la que tras responder a cuatro preguntas y difundir el mensaje entre al menos diez contactos, el feliz encuestado recibe un cheque de 150 euros para gastar en cualquier tienda de la cadena. Sin embargo, tras finalizar la encuesta pide que metamos nuestro número de teléfono para recibir el regalo. Y ahí es donde radica el peligro, pues lo que estamos haciendo no es recibir un cheque promocional, sino que nos suscribimos a servicios premium en lo que nuestra factura telefónica se engrosa a medida que recibimos mensajes.

Dicho sea de paso, tan delincuente es el phisher como nuestra propia operadora, que no nos dota de herramientas para poder solucionar el problema una vez cumplimentado el fatídico cuestionario. Todo ello a pesar de que la misma policía está al tanto de la estafa y de la mala fe de los desarrolladores de la misma.

26 ago. 2015
¿Pueden las legislaciones nacionales acotar la red?

El 1 de julio entró en vigor en España la ley de Seguridad Ciudadana, con votos a favor del PP y en contra toda la oposición. Hasta el consejo de seguridad de la ONU mostró su preocupación por el asunto. Legislaba con acierto algunos aspectos, pero se le criticaba el recorte de numerosas libertades básicas. Algunos de sus artículos chocaban, o podrían chocar, con algunas de las libertades que son posibles gracias al desarrollo de las tecnologías de la información. Por ejemplo, se podrían llegar a multar por fotografiar a fuerzas de seguridad en acto de servicio o hacer comentarios en los medios sociales. El gobierno se apresuró a decir que la ley se aplicaría con moderación en estos aspectos.

Sin embargo, las denuncias no han tardado en aparecer. La prensa internacional se hace eco de casos de multas absurdas. A fin de cuentas, la denuncias administrativas españolas no afectarían a la BBC British Broadcasting Corporation (Corporación Británica de Radiodifusión) o al diario conservador francés Le Fígaro. Así, BBC recoge las cinco acciones que podrían ser objeto de denuncia, colocando en primer lugar la prohibición de colocar imágenes de policías trabajando. Es precisamente por esta norma por la que ya ha habido varios denunciados. Uno de estos casos, recogido por le Figaro, ocurre en Petrel, donde una joven fotografió el coche de la policía local en un lugar destinado a discapacitados. El responsable de este cuerpo de seguridad dijo que la denuncia no se ponía por el uso ofensivo ni por mostrar rostros de los agentes o la matrícula del vehículo, sino por afirmar que losa gentes habían aparcado sin motivo en ese lugar. La broma le salió por 800 euros. El diario.es se hace eco del caso de Eduardo Díaz, quien llamó "escaqueados" en Facebook a algunos agentes de su localidad. Este desliz les costará al joven entre 100 y 600 euros. Pero si escaqueado podría llegar a ser ofensivo ¿ocurre lo mismo con colega? 300 euros le costó a un camionero cordobés llamar colega a un policía, está vez en directo y no a través de los medios sociales.

Y no sólo la ONU o la prensa extranjera se muestran escépticos e irónicos con la ley española. Paradójicamente Nicolas Maduro también amenaza con denunciar la ley Mordaza por atentar contra los derechos humanos. Y el problema será más grave cuando este tipo de sucesos dejen de ser noticia. De momento, podemos seguir la evolución de las sanciones en el mapa de la ley Mordaza.

30 ago. 2015
Feliz cumpleaños Windows 95

Normalmente agosto es un mes con pocas novedades. El verano boreal hace que las presentaciones comerciales se ralenticen, y el mercado tecnológico no podía permanecer ajeno a esta tendencia. Sin embargo, el 20 de agosto de 1995, Microsoft lanza el sistema operativo que popularizó la informática doméstica.

La campaña de marketing que acompañó a esta presentación no tenía precedentes en este sector emergente. Gastaron 300 millones de dólares, de los cuales 20 fueron para comprar los derechos de Star Me Up de los Rolling Stones, en referencia al botón de inicio (Start en la versión inglesa). Tras él, vinieron varios uploads, que también mantuvieron el start: windows 98, NT, XP y ME. Duró hasta la secuencia de windows 7-10, que orientaron el S.O. a dispositivos móviles.

Windows 95, en su vigésimo aniversario se consolida como un curtido veterano, con una serie de novedades que condicionarían el desarrollo de posteriores plataformas. Al menos, así fue vendido por la empresa de Bill Gates: multitarea y sistema operativo puramente visual (ya no era necesario instalar MS-DOS antes de colocar un Windows 3.X).

No obstante, las GUI (del inglés graphical user interface), ya habían sido anticipadas previamente, al menos de manera conceptual. Jef Raskin había hablado de estos entorno gráficos en su tesis doctoral defendida en 1967. Raskin posteriormente colaboraría con Steve Jobs, y se encargaría del proyectos Apple Macintosh en 1979. Aunque en la práctica, el primer ratón y la primera interface gráfica fueron desarrollados Xerox poco antes, en 1973: Alto fue el primer ordenador con una interface gráfica donde las ventanas se superponían y había carpetas e iconos. Este avance se lo debemos a Douglas Engelbart, quien tras la segunda guerra mundial se propuso usar las computadoras para mejorar la vida de las personas.

Así se inicia el camino hacia las metáforas visuales que a día de hoy son nuestras pantallas, si bien el ratón ideado por Engelbart pierde peso ante los dispositivos táctiles. El hecho es que estos hitos tecnológicos, relativamente cercanos en el tiempo, suponen los primeros momentos dentro de las intrahistoria de las computadoras y marcan un punto de partida para la omnipresencia digital que estamos viviendo en estos tiempos.

1 sept. 2015
La sociedad del consumo I: base epistemológica

Vamos a arrancar el mes con una trilogía sobre el consumo y cómo los medios digitales y la sociedad de la imagen han transformado nuestras pautas a la hora de llenar la cesta de la compra. La comunicación audiovisual se ha convertido en ciencia en nuestros días. Una ciencia que no es neutra y que está al servicio de sus mecenas. Y quizás sea este mecenazgo el punto de apoyo de la gran mentira de la que se ha venido denominando sociedad del conocimiento. Bajo este paradigma, las grandes compañías que dominan la sociedad de la información, se han encargado de diluir este concepto y asociarlo de manera casi binomial a consumo, hasta tal punto que el consumidor es incapaz de determinar en qué fase se encuentra.

En un escenario en el que la imagen y el sonido se vuelven ubicuos, el ciudadano se transforma en consumidor y la calle y el espacio público se convierten en un inmerso zoco. Es decir, si la conectividad de nuestros dispositivos está presente allá donde nos desplazamos, sin duda supondremos una presa muy apetitosa para el mercado: somos consumidores ubicuos, omnipresentes en el tiempo y en el espacio. Ahora queda plantearnos si el acoso consumista es un daño colateral del libre acceso a la información, o es que ésta un caramelo para transformarnos en un rebaño de compradores a fulltime.

6 sept. 2015
La sociedad del consumo II: el fenómeno outlet

En el post anterior comentábamos cómo el consumidor de esta sociedad digital lo es en todo momento. Ya no es preciso ir a la tienda, la tienda viene siempre con nosotros.: 24 horas al día, 7 días a la semana. Y dentro de este fenómeno de tiendas on-line, podemos destacar las de "oportunidades" destinadas a los más avispados. La fascinante maquinaria de ventas cuenta con todos los detalle, y el primero es conseguir que el cliente se sienta exclusivo. Así, generamos perfiles de usuarios e instalamos apps para recibir las ofertas cada mañana en nuestro smartphone. Un segundo detalle es hacer creer al cliente que el producto es igual de exclusivo que él mismo, y que en ese mismo momento lo podrá conseguir a un precio excepcional. el cebo está echado, y los beneficios no tardan en llegar.

Basta plantar el cartel de outlet / venta exclusiva / venta privada y sacarle al consumidor entre 100 y 200 euros más por un producto de precio medio 80. Vente Privée, Privalia, Buy Vip o showroomprive, espacios de la denominada venta flash, utilizan el mismo método: material de inventarios que las marcas no quieren. Las web venden el producto más rápido y más caro de lo que se vendería en una tienda outlet tradicional. En palabras de Jaques-Antoine Granjon, CEO de Vente Privée "Antes los vendían en outlets por ejemplo, pero con Vente-privee hemos creado un nuevo valor para las marcas y los productos: podemos vender un gran volumen muy rápido.[...] Además lo vendemos a un precio mayor al que recibirían con los outlets" [el mundo]. Como vemos, el precio de las cosas es el que estamos dispuestos a pagar, y a su vez aumenta por la sensación de exclusividad. Misterios del mercado

Con la colaboración de Alberto Ledo @0x13d0

13 sept. 2015
La sociedad del consumo III: concupiscencia XXL

El consumidor busca pagar menos, busca sentirse exclusivo y buscar comprar a lo grande. Aunar todo esto en un solo producto es sin duda complicado, pero el mercado necesita explotar este filón. Conocedora de la existencia de este nicho de población, la publicidad esta siempre dispuesta a ofrecer el producto adecuado, aunque no exista. Y si no, con un halago al cliente, falto de estima, todo solucionado.

Los supermercados y las cadenas de comida rápida son expertas en estimular la concupiscencia consumista. Los primeros no ofrecen packs XL, que a veces son más caros que la compra del mismo producto en formato mini. Los segundos ofrecen el producto maxi a un precio insignificantemente superior respecto al modelo normal, con el objetivo de que todos sus clientes se declinen por el gran consumo.

Los expertos en publicidad y marketing llevan décadas estudiando el comportamiento humano que, a fin de cuentas, no es tan exclusivo como nos gusta creer. Somos totalmente predecibles. Evidentemente, hay quien queda fuera de estas tendencias, pero hasta ese sector ploblacional está representado en los planes comerciales.

10 oct. 2015
¿Qué queda cuando una red se va?
En muchas ocasiones hemos hablado de la persistencia digital y de cómo un documento, una vez subido a la red, se hace público y perdemos el control sobre él. Pero ¿Qué pasa

cuando es al contrario? ¿Qué ocurre cuando una red social en la que millones de usuarios han establecido una identidad y un un complejo entramado de vínculos desaparece? Sin duda, a priori, podríamos afirmar que genera un vacío en los usuarios.

Sin embargo, todo depende de las expectativas de los usuarios. Si consideramos la red como repositorio y almacén de recuerdos podríamos sentir esa sensación de vacío. Si por el contrario se limita a un escenario de intercambio más o menos síncrono, donde la vinculación con el otro es más o menos efímera, a pesar de que el recuerdo quede en la recamara de la big data social, la desaparición no es tan traumática. La primera perspectiva se establece prioritariamente en población adulta. La segunda es más propia de adolescentes. Sin duda, entre ambos grupos de edad la percepción temporal y espacial es totalmente diferente.

Así este verano hemos visto como Tuenti, popular red entre los adolescentes españoles, eliminaba su parte social y quedaba exclusivamente como operadora de telecomunicaciones. Sin embargo, era la crónica de una muerte anunciada pues cada día más usuarios abandonaban este medio y migraba hacia otros de alcance más globalizado como Facebook, Instagram o Twitter. Con la desaparición de Tuenti, millones de fotos y eventos compartidos han ido al limbo. Pero ¿quién lo recuerda?

21 oct. 2015
Regreso al futuro

La literatura y posteriormente el cine han jugado a imaginar el futuro. En algunos casos, estas historias han tenido un impacto especial, llegando a convertirse en elementos de culto. Es lo que ocurrió con Regreso al Futuro, donde el adolescente Martin McFly con la ayuda del Dr. Emmett L.

Brown, «Doc», desafía el continuo espacio-tiempo viajando hacía el pasado y el futuro a bordo de un vehículo deportivo.

En aquel momento, 1985, recrear el pasado no era tarea complicada. Pero ¿era sencillo pronosticar cómo sería la sociedad treinta años después? Quizá sea un buen momento para volver a ver la película y comparar lo que imaginaron que sería la vida en 2015 y contrastarla con la realidad de nuestro día a día. Bienvenido Martin.

25 oct. 2015
Diario de una acosada

La red se convierte en un espacio alternativo de comunicación e interacción que amplifica nuestras acciones de manera inimaginable. Nos permite, para bien o para mal, llegar a cualquier rincón del mundo y, en cierta medida, iguala a todos sus usuarios: desde celebridades de cualquier ámbito al más recóndito usuario.

Mia Matsumiya, una violinista profesional estadounidense, ha descubierto, a través de una serie de experiencias desagradables, el carácter horizontal de la red. A lo largo de diez años ha ido recibiendo a través de diferentes redes (Myspace, Instagram, Facebook o Twitter) multitud de mensajes de contenido sexual. Lejos de ir eliminándolos, Matsumiya ha ido archivándolos y hace un par de años pensó en editar un libro recogiendo las propuestas más inverosímiles. No obstante, ha preferido crear una cuenta especial en Instagram, Perv_magnet, donde va publicando poco a poco estos mensajes.
Sin lugar a dudas la iniciativa ha traspasado su ámbito profesional y se ha hecho viral. Además, ha permitido que otros usuarios que se han sentido identificados con el problema se unan a la misma

31 oct. 2015
Realitys irreales

En los últimos años la televisión se ha visto obligada a buscar formatos de impacto con el fin de absorber altos porcentajes de televidentes. Este objetivo viene condicionado por un claro fin económico: a más público, más ingreso en publicidad. De esta manera, se llega a los manidos realitys shows. La telerrealidad se ha convertido en un género imprescindible en las parrillas televisivas del siglo XXI, si bien años antes sería algo impensable. El concepto es simple: coger personajes anónimos y televisar sus vidas. Como emisión pionera, podemos citar la producción holandesa Nummer 28, estrenada en 1991. Tras ella, han venido sucediéndose mil y un experimentos. Algunos más globalizados, otros locales. Sin embargo, no deja de ser mediocridad ofrecida por las productoras de contenidos.

8 nov. 2015
Canon City y el sexting grupal

La comunicación mediante dispositivos móviles, la conectividad ubicua y la convergencia de dispositivos han hecho que la manera de relacionarse cambie. Además, el factor edad hace que el sistema sea aún más complejo. El teléfono móvil aúna las tres variables con las que hemos comenzado este post: un aparato que nos acompaña a todos lados, que nos permite una conexión perpetua y que recoge documentos audiovisuales. Todo ello en un dispositivo que cabe en un bolsillo. Algo impensable hace diez años, pero que los adolescentes han sabido integrar en su desarrollo evolutivo como algo normal, cotidiano e imprescindible.

Esta hiperconexión hace que los sistemas de relación social y cultural se hayan transformado, intercambiando y superponiendo esferas privadas y públicas. Así, los elementos tradicionales de la comunicación, emisor, canal, comunicación se hacen cada día más complejos, generando por lo tanto unos constructos claramente diferenciados que son incompatibles entre grupos de edad diferentes. De esta manera niños y adolescentes construyen su escenario relacional sobre un sistema tecnológico de manera diferente a como lo haría un adulto medio.

Esta semana, según informa The NY Times, en la localidad de Canon City se ha dado un caso de sexting grupal, donde niños y adolescentes compartían imágenes con poco o ninguna ropa. Cuando las autoridades han iniciado la investigación, algunos de los afectados han afirmado que esta práctica se venía haciendo desde hacía años y que en muchos casos se actuaba bajo presión. El sheriff de Canon City, Paul Schultz, reconoció que el problema sobrepasa la capacidad de gestión de la ciudad. "Con las nuevas tecnologías, estas imágenes llegan a todos lados",

11 nov. 2015
Community managers: creando imagen digital

Una de las profesiones digitales más nombradas en los últimos tiempos es la de Community Manager. También es, dentro de de este segmento, una de las más ambiguas. Si los roles de un técnico de sistemas o de un desarollador de software están más o menos claros, no ocurre lo mismo con los del c.m. De hecho, como punto de partida, ni la propia denominación Community Manager es concisa, sobre todo en entornos no anglófonos, donde también se utilizan denominaciones como Social Media Analyst, Social Media Manager, Account Manager, Online Marketing Manager.

Ante este galimatías, cabe preguntarse ¿cuál es el perfil de estos profesionales? ¿el c.m. nace o se hace? ¿Quién es el más indicado para ocuparse de este puesto? ¿Reconvertidos del marketing tradicional? ¿Nuevos profesionales forjados en un entorno digital puro? ¿El primero que pasaba por la puerta

de recursos humanos? El mercado académico no ha perdido el tiempo y en la red podemos encontrar cientos de cursos, algunos gratuitos y otros más o menos reglados. Como muestra, y para ir perfilando un poco más el perfil de estos trabajadores, nos centramos en tres instituciones. La escuela de negocios Cerem oferta un máster en Community manager, cuyos objetivos son:
01. Formar profesionales que utilicen los medios y redes sociales como herramienta de comunicación y marketing.
02. Ser capaz de definir, implementar, gestionar y evaluar un plan de medios sociales que esté correctamente integrado dentro de la estrategia de la compañía.
03. Profundizar en el uso de diferentes canales de marketing online con el fin de que el alumno sea capaz de aportar sus conocimientos sobre social media dentro de una estrategia de marketing o comunicación digital.

En Deusto Formación encontramos el curso superior de gestión de redes sociales y community management. En este recurso formativo los objetivos son:
- Crear interacciones relevantes entre marca y personas
- Gestionar y moderar contenidos generados por los usuarios teniendo en cuenta las buenas prácticas y las normativas legales.
- Elaborar planes de Social Media y de reputación online orientados a la consecución de resultados comerciales

La Universidad Americana de Europa, desde México, ofrece la maestría en Community Manager y Posicionamiento Web. Aquí los objetivos son más extensos, pero de corte didáctico. Igualmente proponen un perfil para el candidato a realizar la formación. Se presuponen que el estudiante debe ser capaz de discernir las corrientes sociales que rodean una situación, que sabe delimitar y valorar el alcance de una opión y las redes y que debe terner habilidad para expresarse por escrito.

Tres puntos de vista para hacernos una idea de quién debe ocupar este puesto. Y no es cuestión baladí, pues la imagen que una empresa o personalidad pública proyecta en la red puede condicionar o, al menos, dar un disgusto a los representados. Por este mal trago pasó David Bisbal, que recibió sonadas burlas al publicar una serie de comentarios sobre la primavera árabe donde quedó patente que su negocio es la canción, pero no la sociología. En bretes parecidos se han visto otros muchos famosillos. Los deportistas de alto nivel, que también son humanos, tampoco están exentos de meter la pata, por lo que deberían vigilar sus impulsos en la red. Un chascarrillo en el vestuario no tiene el mismo alcance que un tuit que leerán miles de personas. Esto le ocurrió a Casillas, que insultó a otro tuitero en al red.

En política también es sencillo encontrar este tipo de situaciones. No tan brusco como el del portero del Oporto, un comentario del futuro presidente del gobierno de España excluyendo del panorama político a un ciudadano de quince años, tampoco es afortunado.

Para evitar este tipo de fatídicos desenlaces, es aconsejable que aquellas personalidades cuyos mensajes vayan a tener gran difusión o que puedan ser utilizados en su contra, pongan su imagen digital en manos de un responsable. Pero ¿es fácil encontrar a la persona adecuada? Los c.m. de la policía nacional o la guardia civil han cometido sonoras pifias que rápidamente se han viralizado. Carlos Fernández Guerra, community manager de la Policía Nacional, reconoce que es sencillo confundir la cuenta personal con la coorporativa, lo que provoca situaciones confusas. No obstante, el sentido del humor nunca está de más, aunque sea la autoridad la que habla.

Desde luego, lo que no puede hacer un c.m. es insultar a un cliente que se queja de un producto de su empresa. Para ver varios ejemplos de lo que no se debe hacer, nada mejor que visitar el tripadvisor de este restaurante cacereño: Me mantengo en lo dicho y sigo pensando que son unos maleducados y unos irrespetuosos.

21 nov. 2015
Concentración de poder

Gustamos de creer que Internet es un espacio sin jerarquías, una especie de tierra prometida. Sin embargo, igual que en cualquier faceta social humana, se tiende a la concentración: concentración de poder, concentración del control de la información...

La producción de contenidos está liderada por pocos grupos, si bien es cierto que la red ofrece tecnología para que cualquier usuario desde su hogar pueda hacerlo. Sin embargo, el sueño de ser el blogero de moda o el youtuber que marque tendencia no es tarea sencilla. Podemos generar contenidos, otra cosa es que lleguen al gran público.

De igual manera que los contenidos se concentran, cinco grandes sociedades controlan el capital. Especialmente Google y Facebbok que juntos hacen un poco más de la mitad de la caja de Internet.

No podemos negar que la red es un espacio óptimo para innovadores, que ofrece oportunidades de negocios y que ha abierto un nuevo mercado laboral. Pero lo que no podemos negar es que, al igual que ocurre en el mundo exterior, el poder tiende a concentrarse.

17 dic. 2015
Leyes locales en un escenario global

Las legislaciones territoriales se ven desbordadas en una época como la actual, dominada por una globalización ciudadana, subproducto de una globalización primigenia, orientada a favorecer a las grandes corporaciones. Si inicialmente el mundo globalizado estaba "diseñado" para favorecer a los mercados, de manera inconsciente permite que los los ciudadanos se aprovechen de lo que Marshall McLuhan dio en llamar la Aldea Global. Internet es una herramienta que ha hecho mucho por la globalidad y transnacionalización de las comunicaciones y sinergias entre iguales, permitiendo avanzar hacia una sociedad más horizontal.

Con esta introducción queremos destacar la imposibilidad y dificultad de establecer una legislación internacional, debido a las fuertes diferencias que existen en el el tablero geopolítico. Evidentemente, algunos países tienen más dificultad que otros para imponer su criterio legal. Así, cuando el F.B.I comenzó a actuar contra las webs de intercambio de enlaces y/o ficheros, amparada en una discutible postura de protección de derechos de propiedad intelectual, los países aliados de Obama, sacaron sus respectivas leyes nacionales para dar transnacionalidad a la ley SOPA de 2011 (Stop Online Piracy Act, Ley H.R. 3261). Sin embargo, cuando un país menos influyente intenta desarrollar una legislación valida fuera de sus fronteras, lo tiene más complicado. Y fuera de las fronteras se encuentra el acceso a Internet, al menos en países con una concepción social más o menos democrática.

Es lo que pasa en España con una ley electoral que no ha sabido adaptarse a la estrategia digital en la que afortunadamente nos hallamos inmersos. Esta ley prohíbe la difusión de encuestas en la semana previa a los comicios electorales. Sin embargo, en una sociedad digital ¿cómo prohibir la libre circulación de bits? El Periódico, grupo mediático español, es propietario de un rotativo en Andorra. El principado, con soberanía propia, no está sometido a la legislación española, con lo que no encuentra obstáculos para poder publicar estas encuestas, realizadas en España pero cuyos resultados no pueden difundirse en medios españoles. Sin embargo, cualquier español o persona que se encuentre en España con conexión a Internet, podrá acceder a estas encuestas "prohibidas"

Una vez más, el paradigma digital supera o se superpone y es capaz de de crear una pinza insoslayable en un paradigma convencional menos tecnológico.

**17 dic. 2015
Máster antropología Uex**

Dentro del máster en antropología social que ofrece la Universidad de Extremadura, hoy hablaremos sobre las técnicas de investigación en red. Para ello podríamos comenzar analizando si es más fructífero el análisis parcelado o si una visión holística nos podría arrojar resultados más válidos. Desde este espacio defendemos la importancia de un análisis multidisciplinar porque, a fin de cuentas, el ser humano es el objeto de estudio más difícil que se podrá encontrar el ser humano.

Por mucho que los departamentos universitarios se empeñen, Sociología y Antropología son dos caras de una misma moneda. Ante un objetivo común, cada una presenta unas peculiaridades y fija el zoom en una una posición. Pero ambas surgen con el principal objetivo de conocer cómo se comporta la sociedad para lo que se hace indispensable comprender cómo funciona el ser humano. Fijar el zoom en este nivel macro en un nivel micro es lo que hace que hablemos de una o de otra, pero como comentamos anteriormente, ambas miran en la misma dirección y pretenden explicar la misma realidad. Además, el génesis de ambas es muy similar y aunque realmente sí que podemos citar una serie de autores primigenios que sentarían las bases de una y otra, todos ellos estaaces de comprender el medio en el que se mueve. No es cuestión de romper y hacer tabla rasa con el pasado, pues muchas de las técnicas iniciales son pertinentes para seguir explicando larían de acuerdo en el objeto de estudio: el ser humano y sus circunstancias. A fin de cuentas, como diría Ortega Y Gasset, este sería un binomio indisoluble: «Yo soy yo y mi circunstancia, y si no la salvo a ella no me salvo yo» (Meditaciones del Quijote, 1914).

Pero esta necesidad de comprenderse y comprender al otro está presente en nuestra cultura desde mucho antes de que pudiéramos hablar de sociología o antropología. Así podemos encontrar autores grecolatinos clásicos que describían las sociedades con las que interactuaban comercial, cultural o militarmente. Toda literatura de viajes hace también esta misma función. En las épocas en las que se tiende a realizar grandes viajes se da un marco propicio para conocer nuevas culturas y nuevas personas. Los viajes de Marco Polo, la vuelta al mundo del caballero Pigafeta, los textos de misioneros y conquistadores... son obras, primeros tratados etnográficos, que en la actualidad nos sirven para comprender cómo eran esas culturas que, a veces absorbidas, a veces reprimidas, ya no perviven.

Con esto queremos llegar a que Antropología y Sociología son inherentes del ser humano porque son seres humanos estudiando seres humanos. Investigador y objeto de estudio convergiendo en una única unidad. Podríamos incluir, para dar más profundidad a nuestro estudio, Filosofía, Psicología o Humanidades, sin dejar de pasar por alto el "ámbito de ciencias": Las matemáticas, pues sus modelos dan explicación a nuestra realidad, la biología que nos ayuda a entender nuestro organismo en interacción con el medio. Un marco científico y académico complejo para explicar un hecho complejo.

Y como las sociedades van cambiado, también las ciencias que las analizan se han visto obligadas a transformarse para ser capaces de comprender el medio en el que se mueve. No es cuestión de romper y hacer tabla rasa con el pasado, pues muchas de las técnicas iniciales son pertinentes para seguir explicando las nuevas realidades, pero sí que se hace necesario adaptar estas herramientas y buscar otras nuevas para analizar no sólo al ser humano, sino para analizar al ser humano del siglo XXI, nosotros mismos, desprovistos de perspectiva histórica e inmersos en un proceso constante de cambio. Donde la Nanotecnología, la Biotecnología, las Tecnologías de la Información y de las Comunicaciones, y las Ciencias Cognitivas, las tecnologías convergentes, tratan de iniciar un nuevo capítulo en la historia de la humanidad. Y en esta nueva realidad, las humanidades digitales, la ciberantropologia, están llamadas a jugar un papel esencial

22 dic. 2015
Un cuarto de siglo para la WWW

Este verano posteábamos sobre el vigésimo cumpleaños de windows 95, y con él, su navegador Internet Explorer. El IE, tras veinte años de uso, desapareció este año para dar paso al nuevo navegador de MicroSoft, el Edge. Pero de nada valdrían este tipo de software si no existiera la web, que hoy también está de fiesta.

La WWW cumple 25 años. Gran parte de los usuarios no la red no había nacido aún, y de los que ya estaban sobre la faz de la Tierra, gran parte no conciben ahora su vida sin Internet. Un cuarto de siglo de evolución imparable y que ha transformado las formas de comunicación y de interpretar el mundo que nos rodea. En diciembre de 1990, Tim Berners-Lee puso en pie el primer site web: http://info.cern.ch/, que aún está disponible. La página se basaba en una simple idea, el hipertexto, pero que ha transformado el mundo. Según el propio Tim "Cuando enlazamos información en la web, nos permitimos descubrir datos, crear las ideas, comprar y vender cosas, y forjar nuevas relaciones a una velocidad y una escala que era inimaginable en la era analógica". La web nació en el CERN, donde convergían investigadores de todo el mundo

con ordenadores diferentes. La WWW solucionaba todos los problemas de compatibilidad y protocolos, pues como pasa hoy día, era accesible desde cualquier sistema operativo. En estos 25 años hemos pasado de una web hipertexto a una multimedia, de una web unidireccional a una cooperativa -2.0 , en palabras de Tim O'Reilly. La idea no ha parado de evolucionar hasta hacerse ubicua e imprescindible, pero sin duda, ha supuesto un hito en la historia de la informática.
The world's first website went online 25 years ago today

26 dic. 2015
Lo que twitter se llevó

Algo que parece no quedar del todo claro, es que si subimos información a la red, instantáneamente estará disponible para cualquier internauta en cualquier lugar del mundo. Y, consecuencia directa, intentar ocultar o desdecirse es misión imposible. Por ello, las instituciones y empresas de cierta envergadura suelen contratar personal específico con una formación más o menos precisa que se ocupen de la imagen corporativa en los medios digitales. Es cierto que el perfil de este profesional no está claro, a pesar de existir ya numerosos cursos de formación, incluso a nivel universitario.

De este asunto ya hemos hablado en numerosas ocasiones en este foro. Sin embargo, día tras días aparecen noticias que merecen la pena ser comentadas. Es lo que ocurrió ayer en el twitter de la policía local de Badajoz, donde @policiabadajoz escribe "recuperamos en la barriada de los Colorines un vehículo sustraído hace apenas unos días #policiabadajoz" Junto al texto, aparece la foto de un vehículo desguazado, sin ruedas ni puertas. Ello ha dado lugar a que el tuit se haya viralizado y, aunque el original ha sido borrado de la cuenta que lo creó, su difusión es ya imparable.

27 dic. 2015
¿Juega real, juego virtual?

El mundo del videojuego tiene un tirón imparable, que mueve gran parte del capital que estimula las industrias digitales. Tanto en software con en hardware, el juego es una de las ocupaciones preferidas, a veces la única, de los cibernautas.

En educación también entra con fuerza y hay corrientes que proponen la #gamificación de la misma como factor de cambio y de adaptación del proceso de enseñanza-aprendizaje a la sociedad tecnológica en la que nos movemos. Sin lugar a dudas, un entorno digitalizado y lúdico es mucho más motivante para el discente que otras alternativas pedagógicas menos actualizadas.

Sin embargo, si aceptamos visiones reduccionistas que enfrentan el mundo digital al convencional, el juego digitalizado recibe una oposición ludista. Desde la antropología, donde se busca interpretar, pero no juzgar, ambas realidades son válidas y compatibles. La realidad convencional, la realidad virtual y, yendo un poco más hacia adelante, la realidad aumentada son piezas del mismo puzzle. Son facetas insoslayables de la economía digital.

80 ¿Hacia dónde vamos?

www.antropiQa.com   www.alfonsovazquez.com

www.ingramcontent.com/pod-product-compliance
Lightning Source LLC
Chambersburg PA
CBHW072234170526
45158CB00002BA/896